Nous remercions le Conseil des Arts du Canada de l'aide accordée à notre programme de publication.

LE CONSEIL DES ARTS DU CANADA DEPUIS 1957 | THE CANADA COUNCIL FOR THE ARTS SINCE 1957

Nous remercions également le ministère du Patrimoine du Canada et la SODEC de l'aide accordée à notre programme de publication.

Illustration de la couverture :
Charles Vinh

Édition électronique :
Infographie DN

Dépôt légal : 2e trimestre 1999
Bibliothèque nationale du Canada
Bibliothèque nationale du Québec

6789 IML 0987

ISBN 978-2-89051-684-7
10906

Le pari des Maple Leafs

DU MÊME AUTEUR

AUX ÉDITIONS PIERRE TISSEYRE

Collection Conquêtes
Le secret de l'île Beausoleil, 1990.

AUX ÉDITIONS DU CENTRE FRANCO-ONTARIEN DE RESSOURCES PÉDAGOGIQUES
La Huronie, manuel d'histoire, 1984.
Le prochain pas, roman pour jeunes, 1997.

Données de catalogage avant publication (Canada)

Marchildon, Daniel

Le pari des Maple Leafs

(Collection Conquêtes ; 73)

Pour les jeunes.

ISBN 978-2-89051-684-7

I. Titre II. Collection

PS8576.A635P37 1999 jC843'.54 C98-940854-X
PS9576.A635P37 1999
PZ23.M37Pa 1999

DANIEL MARCHILDON

Le pari des Maple Leafs

roman

ÉDITIONS
PIERRE TISSEYRE

5757, rue Cypihot, Saint-Laurent (Québec) H4S 1R3
Téléphone: (514) 334-2690 – Télécopieur: (514) 334-8395
http://ed.tisseyre.qc.ca
Courriel: info@ed.tisseyre.qc.ca

1 CE QU'IL FAUT CHEZ LES MAPLE LEAFS

Pocccccc !

La rondelle, lancée de la ligne bleue à une vitesse atteignant presque cent cinquante kilomètres à l'heure, heurte le bâton du gardien de but. Sous la force de l'impact, le bâton se brise, mais, par bonheur, la rondelle rebondit hors de la patinoire, dans la foule. Le jeu se trouve alors arrêté. Un des défenseurs de l'équipe des Marlies de Toronto, vêtu en bleu et blanc, se dirige vers le banc chercher un autre bâton pour son gardien.

— Ce gardien est formidable, s'exclame Frank Tremblay, éclaireur en chef des Maple Leafs de Toronto de la Ligue nationale de hockey.

Son regard effleure le tableau d'affichage suspendu au-dessus de la patinoire du Maple Leaf Gardens de Toronto : trois buts à trois, et à peine sept minutes à faire dans la partie.

— Oui, j'avais bien raison de te promettre que tu ne serais pas déçu, n'est-ce pas ? Mais je crois que le meilleur reste encore à venir, rétorque son voisin, Pat Smith, lui aussi éclaireur.

Sa curiosité piquée par la remarque de son collègue, Frank Tremblay reporte son attention au jeu. Le gardien a accepté un nouveau bâton et l'arbitre se prépare à faire la mise au jeu du côté droit du filet.

Cette partie entre les Marlies et les Generals d'Oshawa se dispute chaudement. La saison régulière se termine et les deux équipes veulent s'assurer la meilleure place possible au classement avant les séries éliminatoires de la Ligue de hockey junior de l'Ontario.

La rondelle tombe et un ailier d'Oshawa s'en empare, déjoue son vis-à-vis et file derrière le but des Marlies. Tout à coup, avec la rapidité d'un ressort sous tension, le gardien s'interpose et, de son large bâton, harponne la rondelle, la récupère et la refile à son défenseur patrouillant entre le filet et la ligne bleue.

Presque aussi surpris que les joueurs de l'équipe adverse, le défenseur fait une passe à un coéquipier qui prend de la vitesse. Le temps que les joueurs de l'équipe rivale se ressaisissent, l'ailier des Marlies a déjà traversé leur ligne bleue. Il feint de tirer, contourne le dernier défenseur d'Oshawa et fonce vers le but. Parvenu dans l'enclave, d'un tir du revers rapide comme l'éclair, il soulève la rondelle par-dessus le gardien étendu sur la glace.

« C'est le but ! »

Toute la foule, y compris les deux éclaireurs des Maple Leafs, se lève pour applaudir. Les spectateurs se sont à peine calmés que la voix de l'annonceur précise :

« Le but des Marlies de Toronto compté par le numéro quatorze, Dunton, assisté du numéro cinq, Logan, et du numéro trente-trois, Paiement, à treize minutes quarante-trois secondes de la troisième période. »

— C'est pas tous les jours qu'on voit le gardien récolter une passe, déclare Frank Tremblay à son collègue.

Mais déjà le jeu reprend. Se trouvant au pied du mur, les Generals d'Oshawa redoublent leurs efforts. Ainsi, pendant les deux minutes qui suivent, ils lancent des attaques répétées et les tirs se succèdent. Néanmoins, chaque fois, souvent de façon presque miraculeuse, Paiement empêche le disque de trouver le fond du filet.

Au cours d'une de ces attaques, un ailier des Generals se faufile allègrement derrière le but. Mais, au moment où il essaie de passer de l'autre côté du filet, le bâton du gardien se glisse entre ses jambes et provoque sa chute. Le sifflet de l'arbitre retentit.

« Numéro trente-trois, Paiement, deux minutes pour avoir fait trébucher. »

La foule s'insurge et proteste bruyamment, mais cela ne sert à rien. Les Marlies envoient un joueur au banc des punitions prendre la place de Paiement. Au cours des prochaines secondes, les Generals, forts de leur avantage numérique, s'acharnent contre la boîte défensive de leurs opposants. Avec régularité, ils tirent à boulets rouges sur le gardien de Toronto, saisissant même les retours à l'embouchure du filet et lançant de tous les angles possibles. Mais Paiement tient bon, exécutant à maintes reprises des acrobaties pour bloquer la rondelle.

Toutefois, avec une minute et trente secondes à jouer, c'est la consternation. Les Generals retirent leur gardien de but, se donnant une priorité de deux hommes. Le public retient son souffle tandis que les tirs contre le filet des Marlies fusent de partout. Le corps souple de Paiement s'agite comme un poisson hors de l'eau et arrête le disque chaque fois.

Enfin, à trente secondes de la fin du match, les Marlies réussissent à dégager la rondelle de leur territoire. La pénalité est terminée. Découragés, les Generals essaient en vain de déclencher une dernière attaque. Mais voilà qu'on entend le décompte final.

«… sept… six… cinq… quatre… trois… deux… un!»

La sirène de la fin de la partie résonne et le banc des Marlies se vide. Les joueurs vont féliciter leur gardien.

— Tu ne m'as pas menti! ne peut s'empêcher de dire Frank Tremblay à son adjoint. Ce Paiement est extraordinaire. Il nous le faut chez les Leafs avant la fin de la saison. On va descendre au vestiaire le rencontrer.

Cependant, Smith a un grand sourire aux lèvres.

— Je t'ai dit que le meilleur était encore à venir. Regarde comme il faut.

Tremblay reporte son attention sur la patinoire où Paiement vient d'enlever son masque. On voit maintenant sa longue chevelure noire ondulée et ruisselante de sueur ainsi que les traits fins de son visage. Après un instant, Tremblay s'écrie :

— Mais, ce Paiement, c'est... une femme, c'est une gardienne de but !

— Eh oui ! Sylvie Paiement, la meilleure gardienne de but du hockey junior. Tu as raison, Frank. C'est elle qu'il faut aux Maple Leafs. Viens, je vais te la présenter. Elle a une chambre juste à côté du vestiaire des gars.

Smith a déjà quitté son siège alors que Tremblay se remet à peine de sa stupéfaction. « Vingt et un ans de métier et j'ai jamais vu ça, une gardienne de but, se dit-il en emboîtant le pas à son collègue. Et pourquoi pas ? »

2 L'HOMME LE PLUS IMPORTANT DE L'ÉQUIPE

— Attention, Yannik !

Averti par le cri de sa sœur, Yannik Mongenais a tout juste le temps d'éviter la rondelle qui est passée par-dessus le filet des Maple Leafs de Toronto. Roxanne Mongenais réagit rapidement et récupère le disque tombé par terre, derrière son frère.

— Au moins, si les Leafs perdent, ça nous fera un bon souvenir.

Yannik, qui s'était levé pour éviter la rondelle, se rassoit en souriant, malgré sa déception. Les Maple Leafs tirent de l'arrière par trois buts et il ne reste plus que deux minutes à la partie.

« Désespoir ! Si l'équipe de Toronto n'améliore pas rapidement sa performance, elle ne participera même pas aux éliminatoires », songe l'adolescent en regardant les joueurs évoluer sur la glace.

À la droite de Roxanne se tient son père, Jean-Pierre Mongenais, un homme barbu aux cheveux châtains.

— Si ça continue comme ça, remarque-t-il, bientôt je serai en train de couvrir les parties de base-ball. J'aurai pas grand-chose de positif à dire au sujet des Leafs à la radio demain.

La femme aux cheveux noirs assise à ses côtés, la mère de Roxanne et de Yannik, Aimée Grandbois, touche la main de son compagnon et tâche de le consoler un peu sans quitter des yeux l'action sur la patinoire.

— C'est pas drôle d'être chroniqueur sportif à la radio quand l'équipe locale connaît une mauvaise saison. Ce qu'on a vu sur la glace ce soir n'est pas un exemple à suivre. Il reste que c'était une bonne idée de venir voir le match tous ensemble.

Pour toute réponse, Jean-Pierre fait un signe de tête affirmatif. Quelques secondes après, la foule entonne le décompte final et la partie se termine : les Oilers d'Edmonton remportent le match trois à zéro. Découragés, les partisans de l'équipe de Toronto quittent promptement le Maple Leaf Gardens, sans même attendre la présentation des trois étoiles.

Jean-Pierre, qui doit préparer un résumé de la partie pour l'émission du matin à CJBC, le poste radiophonique de Radio-Canada à Toronto, dit en soupirant :

— Eh bien, je suppose que je dois me rendre au vestiaire recueillir quelques commentaires des joueurs. Je doute qu'ils soient très loquaces après une si piètre performance.

Tout en rangeant son calepin de notes dans une poche de son veston, il ajoute :

— Yannik et Roxanne, vous pouvez venir avec moi si vous me promettez de vous tenir tranquilles et de ne parler à personne à moins qu'on vous aborde.

Le visage des deux adolescents s'illumine d'un sourire qui adoucit davantage leurs traits déjà très lisses. Descendre au vestiaire, frôler les vedettes qu'ils n'ont vues que sur la patinoire ou à la télévision, ils ne s'attendaient pas à cela. D'un bond, les deux sont debout, prêts à suivre leur père.

Aimée les quitte en leur donnant rendez-vous devant la bouche de métro, dans quarante-cinq minutes. Les trois autres partent en direction du vestiaire, les deux adolescents gambadant presque aux trousses de leur père. Une fois le trio arrivé devant l'entrée du vestiaire, Jean-Pierre obtient l'autorisation d'y entrer en montrant sa carte de presse au préposé à la sécurité. Mais le garde hésite un moment quand Jean-Pierre demande si les deux jeunes peuvent l'accompagner. Il lui explique qu'il s'agit en quelque sorte d'un cadeau pour Yannik et Roxanne, des jumeaux, qui viennent de fêter leur treizième anniversaire. Le regard du garde de sécurité va de Jean-Pierre à ses enfants. Les jumeaux et leur père partagent un air de famille : un long profil élancé, des cheveux châtains courts, un visage aux traits fins où pétillent deux yeux bleus, pleins de vie.

Le préposé ouvre la porte et leur fait signe d'entrer. Les trois pénètrent dans le hall d'entrée du vestiaire sans se faire prier. Yannik pousse sa sœur du coude et dit :

— C'est parfois commode d'avoir un père journaliste, hein ?

Des journalistes parlent déjà à quelques joueurs couverts de sueur qui portent encore une partie de leur équipement. Au fond de la salle, on voit parfois passer d'autres hockeyeurs ou un assistant qui range du matériel. La salle vibre au rythme de la cacophonie des voix animées.

Jean-Pierre ne gaspille pas de temps et s'entretient avec la relationniste de l'équipe, Natasha Dillan, une femme d'une quarantaine d'années à l'air dynamique. Vêtue du tailleur bleu et blanc traditionnel du club des Maple Leafs, elle part immédiatement à la recherche du joueur que Jean-Pierre désire interviewer. Quelques minutes s'écoulent et la relationniste revient en indiquant à Jean-Pierre de la suivre. Le journaliste se retourne vers les jumeaux et leur dit de l'attendre. Il n'en a que pour dix minutes.

Laissés à leur sort, les jumeaux s'amusent à observer le torrent d'activités autour d'eux. De temps en temps, ils échangent un commentaire en apercevant des joueurs célèbres. Ils se parlent discrètement en admirant les nombreuses photographies des anciennes vedettes qui recouvrent les murs. Tout à coup, une voix joviale les fait sursauter.

— Ben, c'est agréable aux oreilles d'entendre parler français ici. Il faut dire qu'on en a trop rarement l'occasion.

Les deux Mongenais se retournent pour se retrouver devant le regard rieur d'un grand homme corpulent, vêtu d'une chemise et d'un pantalon de travail bleus. Au début de la cinquantaine, le crâne presque chauve, l'homme les fixe, appuyé sur un grand balai placé devant un chariot.

Encore sous l'effet de la surprise, Roxanne réussit tout juste à balbutier :

— Bien... oui. Nous sommes Franco-Ontariens. On attend notre père qui est journaliste à Radio-Canada. Il va revenir d'un moment à l'autre.

— Oh ! je parie que vous êtes les enfants de Jean-Pierre Mongenais. C'est ça ? J'aurais dû le deviner. Vous lui ressemblez. Comme ça votre père s'est pointé ce soir. Il n'aura pas de commentaires positifs à faire. L'équipe va plutôt mal en ce moment. Je me présente, David Belcourt, concierge du Gardens. Appelez-moi David. Et vous ?

Les deux Mongenais ont juste le temps de se présenter quand leur père réapparaît.

— Je vois que vous avez réussi à rencontrer la personne la plus importante de l'organisation des Maple Leafs, lance-t-il en direction du concierge.

Celui-ci accepte la plaisanterie du journaliste en riant.

— Salut, Jean-Pierre. Je ne suis peut-être pas la personne la plus importante de l'équipe, mais je commence à me demander si je ne pourrais pas patiner aussi bien que certains de nos joueurs.

Jean-Pierre partage l'avis du concierge et, après un moment, il ajoute sur un ton plus grave :

— J'imagine que certaines personnes dans la haute direction commencent à se poser la même question. De toute façon, je n'aurai pas la réponse ce soir. Il n'y a personne qui veuille vraiment parler. Mieux vaut leur laisser digérer cette autre défaite humiliante. Bon, nous, on ferait mieux d'y aller.

— Je vais vous accompagner, annonce David, j'ai du nettoyage à faire près de l'entrée principale.

Ils quittent le vacarme du vestiaire et poursuivent leur route dans le calme des corridors vides.

— Ouf ! ça fait du bien de sortir de là, déclare David, on étouffait.

Roxanne offre de tirer le chariot pour le concierge qui accepte avec plaisir. Même s'ils marchent seuls dans le corridor, David parle d'une voix un peu plus basse :

— Écoute, Jean-Pierre, je suis très heureux de t'avoir rencontré ce soir. Pensais-tu assister à la séance d'entraînement des Leafs demain après-midi ?

Jean-Pierre regarde son ami d'un air presque moqueur.

— Es-tu malade ? Il y a belle lurette que l'entraînement des Leafs n'attire plus personne, à part quelques fanatiques.

Mais David continue d'un air très sérieux :

— Bien, demain, je te conseille de faire une exception. D'après ce que j'ai pu voir et entendre dans les bureaux de la direction, quelque chose de fort intéressant se prépare.

La petite troupe s'immobilise devant la porte principale du Maple Leaf Gardens. Les yeux de Jean-Pierre brillent encore plus que d'habitude et il se met à lisser sa barbe, signe que sa curiosité est éveillée. Il tente d'en savoir plus long sur l'événement mystérieux, mais le concierge reprend le chariot à Roxanne et met brusquement fin à l'entretien.

— Je t'en ai déjà trop dit. Merci, Roxanne. Salut, les jeunes. Je te reverrai peut-être demain, Jean-Pierre.

Le concierge s'éloigne à grandes enjambées en fredonnant un air qui domine à peine le bruit des roues du chariot. Jean-Pierre, qui s'interroge toujours sur le sens de ses propos, voudrait le questionner davantage, mais celui-ci a déjà disparu dans un corridor. Enfin, il attache son manteau d'hiver et sort dans la rue en compagnie des jumeaux. Dehors, l'air frais, presque printanier de cette nuit du début mars, lui chatouille le visage. Ensemble, ils marchent rapidement vers le métro.

— Que pensez-vous de cette histoire, vous deux ?

Yannik qui, tout comme sa sœur, a deviné que leur père se rendra au Gardens le lendemain, répond avec conviction :

— Je crois que tu as raison. Monsieur Belcourt, c'est l'homme le plus important de l'équipe.

3 J'Y SUIS ET J'Y RESTE

Sylvie Paiement évite les regards qui l'observent comme si elle était une extraterrestre. On vient de la présenter à chacun de ses nouveaux coéquipiers qui n'en croient toujours pas leurs yeux. Depuis quelques minutes, un silence pesant plane dans la pièce. On dirait qu'on vient de leur raconter une plaisanterie de mauvais goût.

À la recherche d'un visage sympathique, le regard de Sylvie fait le tour du vestiaire. La relationniste, Natasha Dillan, et l'éclaireur,

Frank Tremblay, sont les seuls qui osent la regarder en face et lui sourire. Les yeux de Sylvie s'arrêtent finalement sur une des nombreuses photographies décorant les murs, celle de Jacques Plante. Ancien gardien de but célèbre, premier à porter le masque, il est une des idoles de Sylvie. Les traits généreux et l'allure fière de l'homme lui inspirent tout à coup du courage.

Au même moment, dans sa tête, elle revoit les innombrables parties de hockey de son enfance à Sturgeon Falls, une petite ville francophone du nord de l'Ontario. Elle réentend les cris d'encouragement de ses parents, de ses frères et sœurs qui l'ont souvent accompagnée aux matchs. Elle se rappelle aussi les nombreuses luttes qu'elle a dû mener pour avoir le droit de jouer dans la même ligue que les garçons. À chaque fois qu'elle gravissait un échelon du hockey amateur, elle devait de nouveau faire ses preuves, combattre les préjugés de ses coéquipiers, de son entraîneur, des joueurs des équipes rivales... Que de travail pour se rendre jusqu'ici, dans le vestiaire d'une équipe professionnelle de la Ligue nationale de hockey!

Au cours de ses vingt et un ans d'existence, Sylvie n'a jamais pu se contenter d'être aussi bonne que ses coéquipiers. Parce qu'elle est une femme, il a toujours fallu qu'elle soit meilleure qu'eux.

Elle n'accepte pas que tous ses efforts aient été vains, à cause de la vision étroite de quelques hommes, et elle décide sur-le-champ de leur montrer de quel bois elle se chauffe. Sylvie se sent secouée par cette espèce de rage qu'elle a souvent éprouvée en se butant contre le sexisme. Elle ramasse brusquement son sac d'équipement et se dirige d'un pas ferme vers le petit local qu'on lui a réservé comme vestiaire.

Dès son départ, les hommes se remettent à parler fort, à se taquiner tout en s'habillant pour l'entraînement. Penaud, Frank Tremblay quitte la salle en coup de vent. Il s'installe sur un siège derrière le banc des joueurs. « Je savais que ça serait difficile, mais pas à ce point-là, songe-t-il en attendant le début de la séance d'entraînement. J'ai peut-être commis une grave erreur. »

○

« J'ai peut-être commis une grave erreur », se dit Jean-Pierre Mongenais. Sans se faire remarquer, il s'est faufilé jusqu'à un siège près de la ligne bleue, du côté est de la patinoire.

Il n'a encore rien décelé qui pourrait lui prouver que cette séance d'entraînement serait spéciale. Assis depuis un quart d'heure, le journaliste commence à s'impatienter. Finalement, un à un, les joueurs gagnent la patinoire et se mettent à faire des exercices d'échauffement.

Jean-Pierre examine les joueurs, dont certains portent des survêtements rouges. Il se remémore leurs noms : « Keenan, Asselin, Sifton, Boucher... oui, ils sont tous là, sauf Craig qui se remet d'une blessure. » Pendant quelques minutes, le journaliste se morfond à regarder les hockeyeurs faire le tour de la patinoire.

« Que peut-il bien y avoir qui soit digne d'intérêt dans tout ça ? se demande-t-il. Si ça continue, je vais rater la conférence de presse des Blue Jays qui présentent les membres de leur équipe pour la nouvelle saison de base-ball ! »

Il regarde sa montre. « Si je pars tout de suite, je pourrai peut-être arriver à temps avant la fin de la conférence. » Il scrute une dernière fois les joueurs qui s'échauffent et se lève pour s'en aller. Tout à coup, il entend des exclamations. Un nouveau joueur, habillé en gardien de but, s'avance sur la glace, et quelques-uns de ses coéquipiers l'accueillent avec des quolibets.

Jean-Pierre s'approche rapidement de la bande. Sylvie Paiement n'a pas encore mis son masque et ses longs cheveux flottent sur ses épaules. Le journaliste retire une petite paire de jumelles d'une poche de son veston et étudie le visage de Paiement pendant un long moment. Aucune erreur possible.

« Ma foi du bon Dieu ! s'exclame à haute voix le journaliste malgré lui. C'est bien une jeune femme ! »

Les coéquipiers de Sylvie, ayant constaté qu'elle ignore complètement leurs remarques désobligeantes et qu'elle se concentre plutôt sur de vigoureux exercices d'échauffement, finissent par se taire. Néanmoins, quelques-uns d'entre eux se passent le mot : tout à l'heure, cette joueuse de « ringuette » va goûter aux lancers de joueurs professionnels de la LNH.

Jean-Pierre observe ce manège avec grand intérêt. « Les gars ne sont vraiment pas tendres à son égard, la pauvre fille. Cela risque de chauffer. Pour un événement, c'est tout un événement ! David ne m'a pas menti en fin de compte. »

Juste à ce moment-là, l'entraîneur Paul Cobbs et ses deux assistants surgissent sur la glace. Les joueurs se regroupent alors autour d'eux au centre de la glace où Cobbs vide un grand sac plein de rondelles. Le silence se fait et l'entraîneur s'éclaircit la voix.

— Messieurs, commence-t-il, et madame, ajoute-t-il en souriant un peu sarcastiquement en direction de Sylvie, ce qui provoque des éclats de rires parmi les joueurs. Demain soir vous aurez l'occasion de vous racheter de la partie tout à fait lamentable que vous avez jouée hier soir. Croyez-le ou non, mais il y a un grand nombre de gens qui payent pour être présents à vos matchs. Ils aimeraient assister à quelque chose qui leur prouve qu'ils ne jettent pas leur argent à l'eau. Donc, cet après-midi, je veux vous voir faire des efforts, parce que dans deux soirs nos supporteurs et moi-même voudrions quitter cet édifice le sourire aux lèvres. Est-ce clair ?

— Oui, monsieur, s'écrie la trentaine de joueurs d'une seule voix.

— Bon, maintenant, commençons par mettre les gardiens de but à l'épreuve. Flemming, tu prends le filet du côté ouest ; Paiement, celui de l'est. Les autres, formez-moi deux rangées sur les lignes bleues et que ça saute un peu !

Les Maple Leafs s'exécutent. John Flemming, le gardien de but régulier de l'équipe, va se mettre en position mais, avant de s'éloigner, il ne peut s'empêcher de lancer un regard dédaigneux en direction de la nouvelle recrue.

Sans hésiter, Sylvie se rend devant l'autre filet. Elle attache ses cheveux et ajuste son masque. Quelques joueurs font des commentaires grivois en remarquant le gros serpent que Sylvie a peint sur son masque. La gardienne s'étire un peu, puis, tout en faisant signe aux autres qu'elle est prête, elle leur lance de sa voix la plus railleuse :

— Allez, messieurs, montrez-moi si vous êtes capables de viser avec un peu de précision.

Certains échangent des sourires complices. Le premier joueur frappe la rondelle de toutes ses forces. Le disque siffle et touche Sylvie à l'épaule droite. La gardienne a à peine le temps de se remettre en position qu'un deuxième disque quitte déjà la ligne bleue et, cette fois, l'atteint en plein estomac.

Jean-Pierre observe la succession de lancers frappés aux deux bouts de la patinoire. Du côté de Flemming, rien à signaler, mais, de l'autre, il se rend vite compte que la plupart des joueurs tirent plus fort que nécessaire tout en visant le corps dans le seul but d'intimider leur nouvelle coéquipière.

Mais Sylvie Paiement n'a pas froid aux yeux. Solide comme du roc, elle affronte chaque nouveau tir. « Ils ne la ménagent pas, les salauds », se dit le journaliste.

Un seul tir réussit à trouver le fond du filet. Les joueurs constatent que leurs puissants tirs n'ont pas produit l'effet escompté. Le sifflet de l'entraîneur retentit et les joueurs récupèrent les rondelles pour pratiquer des échappées. Aux deux bouts de la patinoire, les patineurs essaient à tour de rôle de déjouer le gardien de but. Du côté est, l'un après l'autre, des joueurs foncent vers Sylvie Paiement et tentent de marquer. Mais, à chaque fois, les vives réactions de la gardienne les font échouer. Frustrés, quelques-uns font claquer leur bâton contre la glace. L'exercice se termine sans qu'un seul des Maple Leafs ne parvienne à déjouer Paiement. Sous son masque, Sylvie esquisse un sourire.

Un nouveau coup de sifflet et, exécutant les ordres de leur entraîneur, les joueurs se divisent en deux équipes, l'une vêtue des survêtements rouges et l'autre, arborant des chandails ordinaires, pour passer à une simulation de jeu. Encore une fois, Sylvie y met beaucoup de cœur et impressionne ses coéquipiers. L'escouade rivale ne réussit à marquer qu'un but contre elle, malgré de nombreux tirs tous plus rapides et plus précis les uns que les autres.

La séance se termine et, trempés de sueur, les joueurs se dirigent vers le vestiaire. Après quelques tours de patinoire supplémentaires, Sylvie Paiement quitte la glace la dernière. Elle se retrouve alors face à face avec le capitaine de l'équipe, le défenseur Dan Asselin, qui lui barre la route. Ses yeux rencontrent les siens et, sans préambule, Asselin déclare :

— O.K., Sylvie, je ne sais pas combien de temps tu seras avec l'équipe, une ou deux semaines, ou peut-être même quelques années. Mais tant que tu y seras, si l'un des nôtres te donne du fil à retordre parce que tu es une femme, tu me le diras et il aura affaire à moi. Tu nous as montré que tu es d'abord et avant tout une gardienne de but, et puis une sacrée bonne à part ça.

Sans rien ajouter de plus, le capitaine regagne le vestiaire. Sylvie fixe son dos pendant un instant, le temps de se remettre de son émoi. Elle se sent vidée, autant physiquement par les efforts qu'elle vient de fournir, qu'émotivement par les sensations fortes et la rage qu'elle a éprouvées depuis son entrée dans le vestiaire de l'équipe. Elle essuie une petite larme au coin de son œil droit. « Maintenant j'y suis et j'y reste ! » se dit-elle en prenant le chemin de sa loge.

À son insu, deux hommes postés de chaque côté du corridor menant au vestiaire l'observent avec grand intérêt. Le premier, Jean-Pierre Mongenais, est fasciné et s'empresse d'aller à sa rencontre pour obtenir une entrevue. Le deuxième, Charles Tremayne, le propriétaire des Maple Leafs, a une réaction bien différente. L'homme d'une soixantaine d'années ne peut pas prédire si cette gardienne de but à l'allure si déterminée aura un effet positif sur la performance de son équipe. Cependant, une chose est certaine : elle va la chambarder.

4 LA MAUVAISE PUBLICITÉ, ÇA N'EXISTE PAS!

— Non, mais vous êtes complètement cinglés, ou quoi?

La voix tonnante de Charles Tremayne réveille un grand doberman noir et brun qui sommeillait par terre à la droite de son maître. Le chien, une des deux bêtes que Tremayne garde auprès de lui, tente de se rendormir. Le regard de Tremayne s'abat impitoyablement sur les deux hommes assis devant son bureau. Paul Cobbs et Frank Tremblay s'interrogent mutuellement des yeux pour savoir lequel des deux répondra le premier. Finalement, au bout d'un long silence, Cobbs prend la parole :

— Je vais t'avouer, Charles, que, lorsque Frank m'a fait part de son idée de faire monter Sylvie Paiement dans la Ligue nationale, j'étais très sceptique. Mais, d'un autre côté, ajoute-t-il en gesticulant de la main droite, je me disais que, d'une façon ou d'une autre, la présence de Sylvie allait secouer l'équipe. Et Dieu sait qu'elle en a grandement besoin.

Tremayne n'a pas l'air très convaincu de la justesse du raisonnement de l'entraîneur. Il se met à tapoter la surface du grand bureau en chêne devant lui. Cobbs se cale un peu dans sa chaise et poursuit :

— Je l'ai observée au cours des deux dernières séances d'entraînement et je dois admettre, un peu malgré moi, qu'elle joue bougrement bien. Je n'ai aucune hésitation à la mettre devant le filet ce soir contre Montréal.

Tremblay approuve ces propos d'un hochement de la tête. Il cherche anxieusement sur les traits de bouledogue du propriétaire des Maple Leafs de Toronto le signe que celui-ci se laisse gagner par leurs arguments. Mais Tremayne évite le regard de ses deux employés. Il lorgne plutôt les quatre journaux étalés sur son bureau : le *Toronto Star*, le *Globe and Mail*, *La Presse* et *Le Journal de Montréal*. Tous ces journaux montrent à la une de leur section sportive une photo de Sylvie Paiement dans l'uniforme des Maple Leafs.

Il y a deux jours, Jean-Pierre Mongenais avait été le seul journaliste présent lors de la séance d'entraînement des Maple Leafs. Toutefois, celle d'hier s'était transformée en un cirque médiatique. Des dizaines de journalistes, de photographes et de cadreurs s'étaient rués vers le Maple Leaf Gardens pour voir la nouvelle prodige féminine du hockey professionnel.

Le reportage de Jean-Pierre Mongenais sur les ondes de CJBC avait fait un malheur. Cette exclusivité avait mérité au journaliste l'estime de ses collègues. Il avait été le premier à rapporter cet événement sportif inouï. Une fois sur la piste, les journalistes de la grande presse s'étaient précipités pour obtenir leur propre version des faits. Cette horde curieuse avait pu observer la gardienne en action, la filmer et la photographier pendant l'entraînement. Mais la courte entrevue diffusée à la radio par Jean-Pierre demeurait la seule, car Sylvie Paiement et les relations publiques de l'équipe refusaient d'en accorder d'autres. Natasha

Dillan se bornait à dire que la jeune recrue venait de l'équipe des Marlies et qu'elle participerait peut-être au match de samedi soir contre Montréal.

Exaspéré, Tremayne contemple les titres des journaux devant lui : « Désespérés, les Leafs s'en remettent à l'intuition féminine », « Sylvie Paiement : la première vraie gardienne de but de la LNH ? », « Une femme dans un monde d'hommes »... Les articles vont des commentaires flatteurs pour les Maple Leafs « qui font preuve d'ouverture d'esprit » aux remarques sarcastiques suggérant que l'équipe « essaie de détourner l'attention de son véritable problème : sa médiocrité ».

Le propriétaire des Maple Leafs se lève et vient se placer devant son bureau. Il s'y appuie et dévisage calmement les deux hommes devant lui.

— Vous voyez la photo sur le mur derrière vous ?

Les deux hommes se retournent mais ils savent de quelle photo il s'agit. À l'entrée du bureau, on peut voir dans un cadre imposant le portrait en couleurs de Harry Ball, l'ancien propriétaire des Maple Leafs des années 1970 à 1980. Sous la photo, on peut lire, en gros caractères, un de ses dictons préférés : « De la mauvaise publicité, ça n'existe pas. »

Tremayne poursuit en prenant des allures de prédicateur :

— Je ne suis pas d'accord avec votre décision, mais je reconnais qu'elle nous a attiré de la publicité. Si la présence de cette Sylvie Paiement pousse nos joueurs à sortir de leur léthargie et que l'équipe gagne assez de parties pour obtenir une place dans les séries éliminatoires, je vous donnerai raison. Mais si, au contraire, votre raisonnement est erroné, je n'exclus pas la possibilité de faire un grand remaniement à la fin de la saison.

Les deux hommes n'ont pas besoin d'en entendre plus long pour savoir que l'entretien est terminé. De plus, Paul Cobbs a compris que son poste est en jeu. En silence, ils se dirigent vers la porte. « On dirait que l'esprit du vieux Ball hante encore l'endroit », se dit l'entraîneur en passant devant sa photo.

Laissé à lui-même, Tremayne retourne derrière son bureau. Son œil parcourt une autre fois les manchettes des journaux, puis il se met à examiner des chiffres sur une feuille à part : les recettes au guichet pour les dix dernières parties de hockey. Le front de Tremayne se plisse, car ces chiffres confirment ce que tout le monde sait. Depuis deux mois, l'assistance aux parties des Maple Leafs, et donc les recettes qui en résultent, dégringole. «Même si l'assistance revenait à son niveau normal, je ne crois pas que nous serions en mesure de joindre les deux bouts», constate tristement Tremayne.

Il se renverse dans son grand fauteuil rembourré et se retourne. De la grande fenêtre de son bureau, il peut voir des centaines de gens se déplacer dans la rue. «Le sport professionnel c'est d'abord et avant tout des affaires», pense-t-il en soupirant. Il sourit en imaginant le scandale que cela créerait s'il décidait d'imprimer cette pensée sur une banderole à l'entrée du Gardens.

Tout à coup, son téléphone sonne. Sa secrétaire lui demande si sa fille Christine peut entrer. Tremayne acquiesce. Une adolescente de quatorze ans aux longs cheveux noirs tressés pénètre dans le bureau. Le doberman se lève et va lui quémander une caresse.

— Salut, papa, prononce gaiement Christine en s'assoyant sur une des chaises.

Le doberman la suit et s'installe à ses pieds.

— Bonjour. Qu'est-ce qui t'amène ici un samedi après-midi ? demande Tremayne.

L'adolescente joue avec les boutons de son manteau d'hiver qu'elle n'enlève pas.

— Voilà. Je voulais te demander si je pouvais t'accompagner ce soir.

Tremayne ne dissimule pas sa grande surprise.

— Tu aimes le hockey à présent ? demande-t-il sur un ton incrédule.

Christine évite les yeux perçants de son père et lui avoue :

— Pas vraiment, mais il y a cette nouvelle gardienne, Sylvie Paiement. Tout le monde à l'école en parle et me pose des questions. Je veux la voir jouer ce soir.

« Alors, c'est ça », se dit Tremayne qui ne peut retenir un sourire.

— Bon, dans ce cas-là, faisons une grande sortie. Puisque le chien semble tellement heureux de te voir, pourquoi ne l'emmènes-tu pas faire une promenade ? Reviens me chercher à dix-sept heures trente et nous irons souper au restaurant avant le match.

Christine se lève et remercie son père en promettant d'être à l'heure. Elle prend la laisse et la fixe au collier du chien avant de quitter le bureau. De nouveau seul, Tremayne se met à penser : « Même Christine s'intéresse à cette gardienne de but ! »

Malgré le prétexte un peu bizarre, Tremayne est content que, pour une fois, sa fille veuille l'accompagner. À vrai dire, il ne la voit pas aussi souvent qu'il le voudrait. Depuis la mort de son épouse, il y a deux ans, Christine est la seule personne importante dans sa vie. Et il sait que, bientôt, arrivera le jour où elle aussi s'en ira. Il souhaite donc profiter au maximum de sa présence.

Il appelle sa secrétaire à l'interphone et lui demande de réserver deux places dans un restaurant chic. Toujours heureux et surpris d'avoir Christine à ses côtés ce soir, il se met à songer que le Maple Leaf Gardens accueillera peut-être des spectateurs inhabituels.

Il se sent à la fois ravi et craintif. Les pensées s'agitent à toute allure dans son esprit. « Cette femme pourrait représenter une occasion inespérée. Si c'est le cas, il faut la saisir. » Cependant, en même temps, il constate que cette chance pourrait fort bien se retourner contre lui. « C'est un pari à tenir, conclut le président-directeur général. D'ailleurs, je n'ai plus le choix : il faut jouer le tout pour le tout et Sylvie

Paiement va peut-être me permettre de le faire. »

Il regarde de nouveau la photo de Ball. « Oui, la mauvaise publicité, ça n'existe pas ! J'espère seulement que cette Sylvie Paiement ne sera pas la cause d'un match désastreux ce soir. Elle doit subir beaucoup de pression en ce moment. Je ne voudrais pas être à sa place. »

5 LA PREMIÈRE JOUTE

Sylvie a l'impression que les quatre murs du local plutôt exigu se resserrent autour d'elle comme les mâchoires d'un étau. Elle finit d'attacher sa deuxième jambière et se redresse. Non, les murs sont toujours à la même place. Elle doit s'avouer que ce sentiment d'étouffement provient moins de l'extérieur qu'en dedans d'elle. Or, elle se sent comme si des yeux étrangers l'épiaient.

Elle enfile son chandail, le trente-trois des Maple Leafs de Toronto, et ramasse ses cheveux en une couette qu'elle attache avec un élastique. Même si elle ne les entend pas, elle devine les voix des quelque dix-huit mille spectateurs qui s'installent au Maple Leaf Gardens pour voir la partie, mais aussi, et peut-être davantage, pour la voir faire ses débuts dans la Ligue nationale de hockey. Et à ces spectateurs s'ajouteront des centaines de milliers d'autres qui suivront le match à la télévision.

Sylvie enroule une serviette autour de son cou et se lève. « Qu'ils regardent, se dit-elle, je m'en fous ! Moi, je suis là pour jouer au hockey et c'est ce que je vais faire. » Rassérénée, elle avance jusqu'à la porte. Elle sait maintenant que, dès qu'elle posera les patins sur la glace, elle oubliera tout sauf le jeu, la rondelle et les joueurs qui la poursuivent.

Elle ouvre la porte et pénètre dans le vestiaire principal. Des têtes d'hommes se tournent vers elle. Pendant une fraction de seconde, il y a une pause à peine perceptible dans le flot des conversations bruyantes. Sylvie s'installe sur un banc, comme les autres joueurs. Paul Cobbs arrive et se place au centre de la pièce en réclamant le silence.

— Bon, ben, les gars, dans quelques minutes on va y aller.

Les yeux de l'entraîneur toisent tous les membres de l'équipe.

— Vous avez tous vu les journaux et entendu ce qu'on dit à notre sujet à la radio et à la télévision depuis quelque temps. Il y a des chroniqueurs qui rient carrément de nous. À partir de ce soir, il faut que ça change.

L'entraîneur sent que l'équipe absorbe ses paroles comme une éponge. Encouragé, il déclare avec la ferveur d'un évangéliste :

— Tout à l'heure, j'ai informé Sylvie qu'elle serait devant le filet ce soir.

L'étonnement et l'incrédulité déforment certains visages, dont celui de John Flemming. Ils ne s'attendaient pas du tout à cette déclaration. Avant de continuer, Cobbs laisse ses dernières paroles flotter un moment dans l'air pour leur donner encore plus d'effet.

— Je pense que vous avez besoin d'un changement dans vos habitudes défensives. Le style de Sylvie devrait vous permettre de renouveler votre jeu. Ce soir, poursuit Cobbs en tendant l'index, ce n'est pas à Sylvie que je demande de faire ses preuves, c'est à vous tous. J'ai la conviction que vous ne me laisserez pas tomber. Allez, c'est l'heure. On a une partie à gagner !

Sa phrase est à peine achevée que les joueurs se lèvent et se précipitent vers la sortie. Pendant un court instant, les yeux de Sylvie croisent ceux de John Flemming. Elle sent son regard glacial la traverser. « Tant pis, pense-t-elle, s'il prend ça de la mauvaise façon. » Elle se joint aux joueurs qui se dirigent en file indienne vers la patinoire.

Les Maple Leafs font leur entrée sur la glace et commencent leur ultime échauffement. Au moment où la gardienne de but fait son apparition, certains partisans se mettent à applaudir bruyamment.

À une vingtaine de mètres au-dessus de la glace, dans la salle des journalistes et des présentateurs, un commentateur sur les ondes signale l'arrivée de la gardienne de but.

«... *On entend quelques spectateurs réagir en voyant Sylvie Paiement, le nouveau numéro trente-trois des Maple Leafs, s'avancer sur la glace. On ne sait pas encore si c'est elle qui débutera la partie devant le filet de Toronto.*»

Le Gardens est plein à craquer, car la vieille rivalité entre Montréal et Toronto attire toujours une foule nombreuse. Les spectateurs s'impatientent en attendant le début de la partie. Juste avant l'hymne national, tous les yeux se tournent vers le filet des Leafs devant lequel Sylvie Paiement prend place. Comme un animal délimitant son territoire, elle gratte la glace de chaque côté de l'enceinte avec ses patins.

Le commentateur de la télévision ne dissimule pas son enthousiasme :

«... et c'est Sylvie Paiement, la nouvelle gardienne de but des Maple Leafs, qui va commencer son premier match dans la Ligue nationale en affrontant les Canadiens de Montréal.»

Sylvie éprouve un léger émoi, car de jouer contre les Canadiens, une équipe qu'elle a adorée, lui fait un drôle d'effet. Mais, dès la mise au jeu, le malaise disparaît complètement.

La partie commence à un rythme lent, puis le jeu s'anime quelque peu. C'est Sylvie qui doit faire face la première aux tirs de l'équipe rivale. Elle fait deux arrêts consécutifs, suscitant l'approbation bruyante de la foule.

Petit à petit, l'offensive de l'équipe montréalaise s'intensifie. Les attaques dans la zone des Maple Leafs se succèdent presque sans répit. Mais la gardienne ne cède pas. À un moment donné, trois joueurs de Montréal circulent autour d'elle comme des guêpes qui se préparent à piquer. Sylvie arrête presque miraculeusement un tir voilé de la ligne bleue. Un ailier rival saisit le retour et tente de marquer. Mais le bâton de Sylvie intercepte le disque en plein vol. Or, de l'autre côté du filet, un autre joueur des Canadiens s'empare du disque et décoche un tir rapide. Le gant de Sylvie, venu de nulle part, attrape le disque juste avant qu'il traverse la ligne rouge du but. Le jeu s'arrête.

— Avez-vous vu ça? s'écrie Roxanne Mongenais, assise à quelques mètres derrière le but où elle suit le match avec son frère et son père. C'est incroyable comme elle est rapide.

À sa droite, Jean-Pierre, qui est en train de griffonner quelques notes dans son calepin, déclare :

— Elle m'impressionne encore plus que lors des séances d'entraînement. Mais, à moins qu'elle marque elle-même les buts, les Leafs ne s'en tireront pas mieux qu'auparavant.

Quelques minutes plus tard, la première période se termine sans qu'aucune des équipes ait marqué. Mais tout le monde sait que, sans Sylvie Paiement, qui a dû affronter dix-sept lancers, les Maple Leafs tireraient de l'arrière par au moins deux ou trois buts.

L'entracte est trop long. Tous ont hâte de voir la suite. Les commentateurs de télévision s'époumonent presque en présentant les reprises des meilleurs arrêts de Sylvie Paiement. On a rarement vu une prestation aussi spectaculaire devant le filet, surtout de la part d'une débutante.

Un soupir de soulagement s'échappe de l'assistance quand les joueurs réapparaissent enfin sur la glace. La période est à peine entamée que les attaques des Canadiens recommencent de plus belle. Sylvie demeure toujours à la hauteur.

Frustrés, les joueurs de Montréal augmentent leur pression. Toutefois, vers le milieu de la deuxième période, ils changent un peu de tactique. Ils se montrent plus agressifs à l'endroit de la gardienne de but : un petit coup de bâton sur les jambières quand l'arbitre a la tête tournée, ou encore une petite bousculade quand elle s'aventure hors de son filet.

Mais Sylvie ne se laisse pas intimider si facilement. Elle tient bon et encourage ses coéquipiers. Un des joueurs de Montréal, Dave Burns, reconnu pour sa robustesse, s'emporte. Profitant du fait que Sylvie se déplace derrière le but à la poursuite de la rondelle, il la plaque durement. La gardienne de but s'écrase lourdement sur la glace, mais pas avant d'avoir remis la rondelle à l'un de ses défenseurs.

La riposte est vive et immédiate. L'autre défenseur des Leafs, Dan Asselin, met Burns en échec, et celui-ci s'écroule à son tour sur la patinoire. Burns se lève d'un bond et se rue sur Asselin. Deux arbitres s'interposent entre les belligérants avant que la bataille s'envenime. Chaque joueur récolte une punition de deux minutes pour rudesse.

Au moment où Dan Asselin, escorté par un arbitre, prend la direction du banc des punitions, il entend la voix de Sylvie :

— Merci, Dan.

— On te laissera pas tomber, Sylvie, répond le défenseur en souriant.

La partie reprend à quatre joueurs contre quatre. On sent qu'un réveil s'est opéré chez les Maple Leafs. Ils se donnent au jeu avec une nouvelle ardeur. L'agression contre leur gardienne les a enfin secoués. Sylvie, pour sa part, les encourage par son jeu et ses harangues.

Au cours d'un dégagement dans la zone des Maple Leafs, elle va chercher la rondelle à droite du filet et avance presque jusqu'à la ligne bleue. Elle remet la rondelle à l'ailier, Jean Boucher, en lui criant :

— Est-ce que je dois aussi marquer les buts, Jean? Vas-y!

Son orgueil piqué, l'ailier repart, contourne un adversaire, traverse la ligne du centre et pénètre en zone adverse. Il fait une feinte qui lui permet de déjouer un défenseur. Il a maintenant le champ libre jusqu'au filet. Un tir du poignet rapide et la rondelle se faufile entre les jambes du gardien de but de Montréal. Et c'est le but!

La foule trépigne de joie. Boucher récupère la rondelle et se rend jusqu'au filet de son équipe. Il montre son trophée à la gardienne et déclare:

— C'est pour toi, Sylvie. C'est en quelque sorte ton premier but.

Sylvie entend son nom résonner dans les haut-parleurs du Maple Leaf Gardens.

«Le but marqué par le numéro quinze, Boucher, assisté du numéro trente-trois, Paiement.»

Les spectateurs applaudissent debout.

— As-tu vu ça?

La voix de Christine Tremayne, debout elle aussi, pétille comme du champagne. Charles Tremayne, toujours calé confortablement dans son fauteuil dans sa loge privée, regarde sa fille. Il ne l'a jamais vu s'animer de la sorte pour une partie de hockey.

— Elle est formidable, Sylvie Paiement ! Vous avez bien fait de l'intégrer à l'équipe, ajoute la jeune fille, le regard toujours fixé sur la glace où la partie s'apprête à reprendre. Est-ce que je pourrais la rencontrer après la partie ?

— Oui, bien sûr, répond calmement Tremayne.

La deuxième période s'achève, suivie d'un entracte interminable pour les spectateurs. Puis le match prend une allure plutôt défensive. Les Canadiens essaient d'égaliser. Maintenant ce n'est plus uniquement la gardienne de but des Maple Leafs qui les déjoue, mais toute l'équipe. Les mises en échec sont impitoyables. À plusieurs reprises, l'un ou l'autre des défenseurs des Leafs se précipite devant un tir adverse pour le bloquer.

Par deux fois cependant, les Canadiens réussissent à percer cette défensive implacable. Mais Sylvie Paiement est là pour les arrêter et le match se termine un à zéro pour les Maple Leafs. L'entrée de Sylvie dans le monde du hockey professionnel se solde par un franc succès : une victoire, et par blanchissage de surcroît.

Le banc des Maple Leafs se vide et tous les joueurs vont féliciter la nouvelle étoile de l'équipe. Tous, sauf un. Le dernier à quitter le banc, John Flemming, file à l'anglaise et se rend au vestiaire comme une bête sauvage qui veut cacher une blessure…

○

Sylvie a l'impression de se réveiller d'un rêve agréable.

Ce n'est qu'en quittant la glace, après la salve d'applaudissements accompagnant sa désignation comme première étoile du match, qu'elle a repris conscience de la réalité. Elle s'est dirigée vers le vestiaire, suivie d'une meute de journalistes et de supporteurs. Enfermée dans son petit local, elle s'est laissée tomber sur une chaise, incapable du moindre geste.

Petit à petit, elle constate l'importance de sa réussite. Tout à l'heure, sur la glace, elle a tout simplement joué de son mieux en oubliant tout le reste. Elle sait que ce ne sera pas toujours aussi beau, qu'il y aura d'autres épreuves à surmonter. Mais, ce soir, elle a le droit de savourer ce triomphe.

En fait, elle s'efforce de graver ce beau moment dans sa mémoire, car, à l'avenir, le souvenir de cet instant inouï devra l'aider dans les temps difficiles. Bien qu'exténuée par son effort, elle sait qu'elle ne pourra pas dormir cette nuit…

Des coups à la porte la font sursauter. Natasha Dillan pénètre dans le local. Elle s'étonne de voir Sylvie encore vêtue de son chandail de hockey.

— Je pensais te trouver sous la douche. Vite, il y a une horde de journalistes qui t'attendent. J'ai improvisé une conférence de presse pour eux. Et il y a le propriétaire de l'équipe qui veut te présenter sa fille.

Sylvie préférerait se déshabiller tranquillement et prendre un bon bain chaud, mais elle sait qu'il est inutile de s'entêter avec Natasha. Elle se résigne à se dévêtir à la va-vite. Avant de partir, Natasha lui remet la grande enveloppe brune qu'elle portait sous le bras.

— Voici des photos de toi. Si tu veux bien en signer quelques-unes, tu pourras les distribuer après la conférence de presse. Je reviens dans dix minutes.

Quelques minutes plus tard, Sylvie sort de sa douche. Le bain devra attendre. « Au moins, ce vedettariat ne durera pas longtemps », se rassure-t-elle.

Elle a à peine le temps d'enfiler un pantalon et un chandail pour se métamorphoser en jeune femme que Natasha est de retour. Sylvie traverse le vestiaire à la remorque de la relationniste toujours pressée. Certains de ses coéquipiers sont encore là, en train de mettre les dernières touches à leur tenue de ville avant de partir.

— Hé ! Sylvie, tu n'oublieras pas de mentionner tes formidables coéquipiers.

La jeune femme a reconnu la voix de Dan Asselin. Elle se tourne pour répliquer :

— Tu peux être sûr que je leur dirai que mes coéquipiers sont formidables... quand ils se décident enfin à jouer comme du monde.

Dan et les autres joueurs se mettent tous à rire de bon cœur.

Dans la salle de presse, Sylvie monte sur un petit podium. La rencontre avec les journalistes se passe bien. Habilement, Sylvie élude les nombreuses questions au sujet des sentiments que doit éprouver une femme dans un jeu d'hommes et les ramène vers des aspects plus techniques. Elle explique très modestement que les Leafs savaient, en début de partie, qu'ils avaient un travail plus défensif à accomplir.

Son rôle au sein de l'équipe ?

— Il ne fait que commencer, mais, pour l'instant, je suis gardienne de but, répond Sylvie avec aplomb et humour.

Les journalistes ayant obtenu assez de matériel pour un reportage, la salle se vide rapidement. Au moment où Sylvie descend du podium, Jean-Pierre Mongenais et ses deux enfants se précipitent vers elle.

— Bonsoir, monsieur Mongenais, dit-elle avec un grand sourire. C'est en partie à vous que je dois cette fâcheuse célébrité.

Jean-Pierre accepte le reproche en riant.

— Mes deux jeunes, ici, voulaient absolument vous rencontrer. Je vous présente Roxanne et Yannik.

Sylvie accepte les mains tendues des deux jeunes. Roxanne balbutie :

— Vous avez été vraiment superbe ce soir. Nous aimons bien le hockey.

— Nous faisons même partie d'une équipe junior, ici, à Toronto, renchérit Yannik avec enthousiasme. On s'appelle Les Lys.

Sylvie contemple les deux Mongenais avec beaucoup de chaleur. Ils lui font penser à son frère et à sa sœur qui ont presque le même âge.

— Merci. Il faudra que j'aille voir votre équipe jouer à un moment donné.

Tout à coup, la silhouette d'une jeune fille s'interpose entre les Mongenais et la gardienne. La voix assurée de Charles Tremayne s'élève :

— Bonsoir, Sylvie. Félicitations pour votre excellente partie. Voici ma fille, Christine. Elle tenait à faire votre connaissance.

Auriez-vous quelques minutes à nous accorder ? Nous pourrions nous retirer dans le salon voisin de mon bureau. C'est par ici.

Yannik, Roxanne et leur père se sentent soudain de trop. Un peu à contrecœur, Sylvie accepte cette invitation lancée sur le même ton qu'un ordre. Elle salue les Mongenais et s'engage dans la direction indiquée par Tremayne. Elle se souvient subitement de l'enveloppe, en retire deux photographies, les signe et se retourne vers les jumeaux.

— Tenez, voici un petit souvenir de notre rencontre, prononce-t-elle en remettant une photo à chacun de ses deux jeunes admirateurs.

Ils n'en croient toujours pas leurs yeux. Ils ont à peine le temps de bafouiller quelques mots de remerciement que Sylvie Paiement a disparu derrière une porte en compagnie du propriétaire des Maple Leafs et de sa fille.

— Nous en avons de la chance ! finit par déclarer Yannik.

6 LES LYS DE TORONTO

— Vous en avez de la chance !

C'est tout ce que les coéquipiers de Yannik et de Roxanne trouvent à dire. Les deux photos de Sylvie Paiement ont circulé plusieurs fois entre les mains des jeunes joueurs dans le vestiaire des Lys de Toronto. Ceux-ci n'arrivent pas à croire que leurs coéquipiers ont rencontré la nouvelle vedette en chair et en os.

— Bon ! ça suffit. Rangez-moi ces photos. Nous avons un match à jouer.

La voix d'Aimée Grandbois se veut sévère, mais pas trop. Les quinze jeunes joueurs se lèvent à tour de rôle pour répondre à l'appel de leur entraîneuse qui les attend à la porte du vestiaire. Ils sautent sur la glace tandis qu'Aimée se rend derrière le banc.

Informaticienne de métier, Aimée passe les samedis matins derrière le banc des Lys pour se changer les idées. D'une voix animée, elle encourage les joueurs qui s'échauffent.

— Patricia, mets ton casque ! Tu montreras tes beaux cheveux après la partie.

L'adolescente visée par le commentaire de l'entraîneuse s'arrête devant le banc pour se plaindre.

— Je n'aime pas mon casque.

Interloquée, Aimée examine le casque blanc.

— Qu'est-ce qu'il a, ce casque ? Il me paraît tout à fait correct.

Patricia le lève pour qu'Aimée puisse voir le devant de son casque où de grosses lettres noires forment le nom ADAM.

— J'ai hérité ce casque de mon frère et, quand je le porte, tout le monde me niaise et m'appelle Adam. Il n'y a pas moyen d'enlever les lettres.

Aimée réprime une envie de rire.

— Dans ce cas-là, tu devrais coller les lettres de ton nom par-dessus.

Patricia reconnaît que l'idée est bonne même si cela ne règle pas son problème dans l'immédiat. Elle enfile son casque protecteur avec réticence avant de se remettre à faire le tour de la patinoire avec les autres.

« Le hockey a bien changé depuis le temps où j'assistais aux parties de mes frères pour les encourager et que je ne pouvais jouer qu'à la ringuette », songe Aimée en regardant les jeunes joueurs évoluer sur la glace.

— Vas-y, Jacques, patine ! Ton grand-père va te donner un dollar pour chaque but que tu vas marquer. N'oublie pas ça ! crie la mère d'un des joueurs d'une voix rauque.

« Malheureusement, il n'a pas changé uniquement pour le mieux », déplore Aimée en pensant à ces parents qui mesurent la performance de leur enfant uniquement par le nombre de buts marqués.

Quelques minutes plus tard, les joueurs des deux équipes regagnent leurs bancs respectifs et la partie s'engage. Dans les gradins, certains parents encouragent leurs rejetons. Les Lys se font malmener par l'équipe rivale, les Rangers. Au bout de cinq minutes, ils ont déjà accordé deux buts.

Aimée arpente l'arrière du banc de son long pas élancé. Elle sort une gomme à mâcher de sa poche. Elle fait signe à Yannik et à deux ailiers de prendre la relève. Le changement effectué, la partie reprend.

— Tue-le !

Un homme bedonnant, debout de l'autre côté de la patinoire, crie à se rompre les poumons. Le joueur visé par cette harangue, un ailier des Rangers, se distingue par son équipement dernier cri. Face à Yannik qui traverse la ligne du centre, il se raidit pour le plaquer de toutes ses forces. Mais le jeune Mongenais change brusquement de direction et son adversaire s'écrase contre la bande. Yannik envoie le disque de l'autre côté de la patinoire où il est récupéré par le bâton de Manon, sa coéquipière. Celle-ci traverse la ligne bleue à vive allure.

Juste avant de lancer, elle aperçoit un de ses coéquipiers qui s'est faufilé du côté opposé. Elle ajuste son tir légèrement vers la droite. Pierre, son compagnon de trio, intercepte le disque en plein vol et le fait dévier dans le filet.

Le banc des Lys se soulève avec enthousiasme pour acclamer le but. Toute l'équipe sait que ce trio offensif est le meilleur des Lys.

— Bravo, Pierre, le félicite Aimée. Bon travail, Manon et Yannik.

La partie reprend. Les joueurs des Lys se donnent corps et âme au jeu. Toutefois, les Rangers leur arrachent deux autres buts et les Lys essuient une défaite de quatre à un.

Les perdants quittent la glace en dissimulant mal leurs mines découragées. Aimée se prépare à les suivre quand une voix la retient.

— Madame Grandbois, attendez, je voudrais vous parler.

Aimée laisse échapper un soupir et se tourne vers André Lacelle, le père d'un des joueurs de l'équipe. Elle devine déjà de quel sujet il veut l'entretenir.

— On a encore perdu. C'est la huitième fois en quatorze parties.

L'entraîneuse regarde son interlocuteur contrarié.

— C'est vrai et c'est dommage, monsieur Lacelle, mais l'équipe a joué de son mieux à chaque partie.

Le père déçu n'accepte pas cette explication.

— Peut-être bien, mais alors pourquoi ne donnez-vous pas plus de temps de glace au trio de Yannik ? Si vous les laissiez jouer davantage, l'équipe compterait plus de buts.

Le regard d'Aimée devient glacial.

— Tous les joueurs qui viennent régulièrement aux séances d'entraînement et qui donnent leur maximum ont le droit de jouer, eux aussi, monsieur Lacelle. Peut-être que nous gagnons moins de parties à cause de cela, mais peu importe. L'objectif du jeu n'est pas d'abord et avant tout de gagner. Je n'ai pas à vous rappeler que le sport vise, en premier lieu, à aider les jeunes à se dépasser eux-mêmes, pas à gagner.

Aimée se rend compte que, tout en parlant, elle a crispé les poings. Elle les desserre et ajoute sèchement :

— Si vous voulez bien m'excuser, il faut que j'aille parler à mon équipe.

Aimée réussit à contrôler sa colère avant de pénétrer dans le vestiaire où des faces un peu longues l'accueillent.

— Allons, allons, ne vous montrez pas si découragés, commence-t-elle. Je considère que vous avez tous joué une bonne partie.

Pendant une quinzaine de minutes, elle analyse le match, leur signale les points forts et les faiblesses de leur jeu. Ensuite elle leur annonce la date et l'heure de la séance d'entraînement et de la joute de la semaine prochaine.

— Alors, à samedi, lance Aimée en quittant la salle.

Quelques minutes plus tard, Roxanne, Yannik et leur mère prennent le chemin de la maison en voiture. Après cinq minutes de silence, Roxanne prend la parole :

— Qu'est-ce que t'attends pour lui dire, Yannik ?

— Me dire quoi ? demande Aimée qui se concentre sur la route.

— Tu avais besoin d'en parler tout de suite ? se fâche Yannik.

Assis sur la banquette arrière, il se penche vers l'avant de la voiture et poursuit dans un ton tout autre.

— Après la partie, monsieur Carruthers, le directeur de la ligue, est venu me voir. Il m'invite à devenir membre de l'équipe spéciale de tournois interrégionaux. C'est vraiment une occasion formidable pour moi !

Yannik se rend vite compte que sa mère ne semble pas partager son enthousiasme. « Il ne manquait plus que ça ! » se dit Aimée qui essaie de cacher son désarroi en répondant d'une voix calme :

— Oui, c'est toute une nouvelle ! On en reparlera à la maison.

Yannik échange un regard de surprise avec sa sœur. Le reste du trajet se fait dans un silence plutôt lourd.

7 LA PRINCESSE DE L'ÉQUIPE CENDRILLON

Sylvie profite d'un arrêt du jeu pour jeter un coup d'œil au tableau d'affichage électronique du Maple Leaf Gardens. Trois minutes trente avant la fin de la troisième période. Les Leafs mènent trois buts à deux contre les Pingouins de Pittsburg, mais Sylvie sait que l'équipe rivale ne se laissera pas battre sans une lutte féroce.

Cette partie, la sixième depuis son arrivée dans l'équipe torontoise, s'avère la plus difficile qu'elle ait eu à disputer. Pas moins de quarante lancers !

Elle n'a pas le temps d'y réfléchir plus longtemps, car les Pingouins reprennent l'offensive. Les joueurs rivaux déferlent comme une vague et se postent stratégiquement dans la zone de Toronto. Se passant la rondelle à une vitesse fulgurante, ils déplacent la défensive des Leafs. Devant le filet, deux joueurs de Pittsburg voilent la vue de Sylvie.

Néanmoins, elle arrête un premier tir du côté droit. Dan Asselin et un ailier rival essaient désespérément de s'emparer de la rondelle en même temps que Sylvie. Il en résulte une bousculade et tous les trois chutent sur la glace. Cependant, juste avant de se faire plaquer, un deuxième ailier parvient à pousser la rondelle qui se met à glisser vers le filet. Impuissant, le défenseur des Leafs voit le disque atteindre la ligne rouge du but. Mais, à la dernière fraction de seconde, le bras de Sylvie, comme la patte d'une lionne, se déploie et son gant immobilise le disque. Le sifflet de l'arbitre signale l'arrêt du jeu.

Les joueurs de Pittsburg protestent avec fureur. Selon eux, la rondelle a franchi la ligne. Mais le juge de but n'a pas allumé la lumière et la reprise confirme son jugement.

Un soupir de soulagement s'échappe de la foule. Encore un autre arrêt spectaculaire de Sylvie Paiement. Écrasée sous le poids de trois joueurs, la gardienne de but prend du temps à se relever. Au bout d'une minute interminable, Sylvie retrouve ses forces et se relève enfin. Les applaudissements chaleureux fusent de partout.

Pendant un court moment, les spectateurs ont craint de la perdre. Les cinq victoires des Maple Leafs, obtenues de peine et de misère grâce en grande partie au jeu habile de Sylvie, ont fait renaître des espoirs depuis longtemps perdus chez les supporteurs de l'équipe torontoise. Tout à coup, ils peuvent espérer voir leur équipe se classer aux éliminatoires. Mais ce succès a un prix. Sylvie sent que la réussite des Leafs dépend d'elle et elle ne veut pas les décevoir. C'est un poids énorme sur ses épaules, car l'équipe ne peut se permettre de perdre une seule des dix parties qu'il leur reste à jouer en saison régulière.

Sylvie demande un temps d'arrêt. Elle enlève son masque et respire un peu. Elle regarde de nouveau le chronomètre : une minute quarante-sept à jouer. Tenir bon. Il faut qu'elle tienne bon. Elle remet son masque et reprend sa place devant le filet, prête pour la mise au jeu.

La tension dans l'air est presque palpable. Pittsburg se trouve dans une situation similaire à celle des Maple Leafs. Les deux équipes se disputent donc cette joute avec l'ardeur d'une série de la coupe Stanley.

Le jeu reprend, et les Leafs pénètrent en zone adverse. Mais un des défenseurs de Pittsburg s'empare du disque. D'un coup d'œil rapide, il décèle alors une ouverture possible. De sa ligne bleue, il tente une longue passe risquée au centre, où l'un de ses coéquipiers file à toute allure. Ce dernier saisit la rondelle et se faufile entre les deux défenseurs surpris par la manœuvre.

Une échappée! La foule retient son souffle. Sylvie, qui a bien suivi le jeu, avance très loin hors de son but et recule tranquillement en couvrant ses angles. Tout se passe très vite. Le joueur exécute très adroitement une double feinte. Toutefois, Sylvie ne se laisse pas duper et l'attaquant passe rapidement du côté gauche. La gardienne bondit comme une chatte, s'élançant de tout son long. Son bâton se cabre et soutire le disque à l'adversaire.

La foule est debout et applaudit à tout casser.

— Incroyable! lancent les uns.

— Quelle gardienne! s'exclament les autres.

Les défenseurs des Maple Leafs reprennent possession de la rondelle qu'ils s'échangent pour écouler le temps. Les vingt dernières secondes de la joute s'égrènent et c'est la fin.

Le banc des Leafs se vide et les joueurs, soulagés, viennent féliciter leur gardienne qui, encore une fois, leur a sauvé la mise. L'équipe connaît un nouvel entrain, une nouvelle solidarité.

— Je te paye la bière ce soir, annonce Dan Asselin à Sylvie.

Tout en avançant avec les autres vers la sortie, elle lui rétorque :

— Je préférerais un gros bol de crème glacée au chocolat !

— Tout ce que tu voudras, Sylvie, répond Dan, un peu étonné.

○

Le lendemain de la victoire des Maple Leafs sur les Pingouins, la une du *Toronto Star* montre une superbe photo de Sylvie, qui, en pleine glissade latérale pour faire échec à l'échappée du joueur adverse, met en évidence le gros serpent sur son masque. « La princesse de l'équipe cendrillon vole la citrouille aux Pingouins », annonce la manchette.

Sylvie se verse un verre de lait de soya tout en lisant l'article. Elle avale quelques cuillerées de granola et regarde par la fenêtre de la cuisine. De son appartement au quinzième étage d'une tour du centre-ville, elle a une belle vue de Toronto. Mais il fait sombre et il n'y a pas de neige. Parfois, la neige abondante du nord de l'Ontario lui manque.

La sonnerie du téléphone la tire de sa rêverie nostalgique. Elle va répondre et revient à la cuisine avec son appareil sans fil. C'est Natasha qui lui demande de se présenter au Gardens une heure avant la séance d'entraînement afin de discuter avec elle de quelques nouvelles demandes d'interviews, dont l'une d'un prestigieux magazine allemand et une autre de *Sports Illustrated*.

Un peu malgré elle, Sylvie acquiesce. Depuis deux semaines, elle ne compte plus le nombre d'entrevues qu'elle a accordées, de sessions de photos pour les cartes de hockey qu'elle a subies, d'autographes qu'elle a signés et de contrats de publicité qu'elle a refusés. Un écrivain a même offert d'écrire sa biographie pour elle ! Elle en a assez de toute cette attention médiatique. Tout le monde veut savoir si elle pense que l'équipe va se rendre jusqu'aux éliminatoires. Elle n'y pense même pas encore. Elle veut juste se concentrer, rester en forme et donner le meilleur d'elle-même à chaque partie.

« Bon, je ferais mieux d'aller faire un peu de conditionnement physique, se dit Sylvie en se levant de table. Princesse de l'équipe cendrillon ! Ce que les journalistes peuvent être nuls parfois ! »

○

— Ne t'inquiète pas, ça ne se produira pas !

Debout devant la fenêtre, Charles Tremayne contrôle difficilement sa rage. Il regarde les passants dans la rue tout en écoutant la voix au bout du fil. Derrière lui, la porte s'ouvre et se referme silencieusement.

— Si jamais on en arrive là, je prendrai les moyens qu'il faudra.

Ayant l'intuition d'être observé, il se retourne et trouve Christine, assise sur une chaise, souriant comme quelqu'un qui vient de réussir un coup pendable.

— Tu fais comme d'habitude, c'est tout !

Tremayne interrompt la communication et dévisage Christine sévèrement.

— Tu es là depuis combien de temps ?

— Je viens tout juste d'arriver, pourquoi? répond Christine, un peu déconcertée devant la mauvaise humeur de son père.

Tremayne s'adoucit.

— Je ne suis pas habitué à te voir au bureau si souvent.

En prononçant cette phrase, il commence à se demander s'il aime vraiment que Christine envahisse ainsi son lieu de travail.

— C'est comme ça que tu passes ta journée pédagogique, à épier les gens?

Soulagée d'entendre le ton plus jovial de son père, elle s'explique:

— Mais non. Je suis allée faire un peu de lèche-vitrine ce matin et maintenant j'ai besoin de ton aide.

Tremayne, qui croit deviner ce dont il s'agit, prend un ton moqueur:

— Tu hésites entre acheter un manteau de cuir ou une robe de velours. Eh bien, fais comme d'habitude, achète les deux.

Christine agite sa tête noire en signe d'exaspération.

— C'est pas ça! C'est pour un travail scolaire. Il faut que je fasse une entrevue avec quelqu'un et que je brosse son portrait. Alors, j'ai choisi Sylvie Paiement. Peux-tu m'obtenir son adresse et son numéro de téléphone?

Encore elle ! Depuis deux semaines, Tremayne a l'impression de n'entendre parler que de cette fille. D'une voix résignée, il demande à sa secrétaire à l'interphone de remettre les coordonnées de Sylvie à sa fille quand elle sortira.

— Quand comptes-tu faire cette entrevue ?

— J'y vais tout de suite, dit Christine en se levant d'un bond. Merci, papa.

Sans rien ajouter, la jeune fille quitte le bureau en coup de vent.

« À cause de Sylvie Paiement, j'ai l'impression que le hockey ne sera plus jamais pareil », bougonne le propriétaire des Maple Leafs.

○

Juste au moment où Sylvie se prépare à descendre à la salle de conditionnement physique de son immeuble, l'interphone de la porte résonne. Quelle n'est pas sa surprise d'entendre la voix de Christine ! Sylvie invite sa visiteuse à monter.

Habillée d'un survêtement en coton ouaté, la tête ceinte d'un bandeau, la jeune athlète propose à Christine de faire l'entrevue pendant qu'elle s'entraîne. La journaliste en herbe accepte volontiers.

— Depuis quand jouez-vous au hockey?

Couchée, Sylvie soulève des poids sur l'un des appareils. Sa réponse est ponctuée par le rythme de sa respiration.

— Tu peux... han... me tutoyer... han... Depuis... han... que j'ai... han... sept ans... han...

Très rapidement, Christine se met à poser des questions d'ordre plus personnel.

«Elle n'a pas de magnétophone, alors je suppose qu'il n'y a pas de danger», juge Sylvie en entendant la derrière question.

— En ce moment, je n'ai pas le temps pour une relation amoureuse. Cela se produira en temps et lieu.

Christine note les réponses du mieux qu'elle le peut dans un calepin. Au fur et à mesure que l'entrevue se déroule, son admiration grandit.

— Penses-tu qu'il devrait y avoir plus de femmes dans le hockey professionnel?

— S'il y avait plus de femmes, je crois que la qualité du jeu augmenterait et qu'il y aurait moins de rudesse qu'à l'heure actuelle. On verrait plus de finesse que de violence.

— Ta motivation profonde pour jouer au hockey, c'est l'argent ou le sport?

La question surprend un peu l'athlète qui s'arrête un moment.

— Je reconnais que, dans le hockey professionnel, on peut gagner des salaires qui sont plus que respectables. Cependant, il faut se rappeler que nous, les joueurs, investissons nos meilleures années dans ce sport au risque de compromettre le reste de notre vie active. Après dix ou quinze ans, le sport nous abandonne. Entre-temps, c'est une vie de chien : les déplacements, les chambres d'hôtels, les centres sportifs où des foules hostiles chahutent, la pression, les difficultés familiales... Pour moi, le plus important, c'est de ne pas mettre tous mes œufs dans le même panier. C'est pourquoi j'ai fait un cours collégial en art graphique avant de me lancer dans le hockey. Quand ma carrière au hockey sera terminée, je serai bien armée pour en entamer une deuxième.

Christine continue à prendre des notes.

— Bien, je crois que c'est tout ce que je voulais savoir. Je te remercie beaucoup.

— De rien, Christine, ça me fait plaisir. Mais, si tu le permets, j'aimerais te poser une question à mon tour.

Surprise, Christine accepte.

— Comment c'est, d'être la fille du propriétaire des Maple Leafs ?

Christine jette un coup d'œil à la ronde pour s'assurer qu'elles sont toujours seules dans la petite salle. Elle hésite un moment, puis elle dit tout simplement :

— Je... je dois avouer que ce n'est pas facile. Je ne vois pas mon père souvent. Le club de hockey, c'est sa vie.

Elle attend quelques secondes avant d'ajouter nerveusement :

— Parfois, il peut être tellement dur. Pas avec moi, mais avec les joueurs. Il ne faut vraiment pas le froisser.

Tout à coup, Christine se rappelle avec qui elle s'entretient et, sentant qu'elle en a peut-être trop dit, elle décide de mettre fin à la conversation.

— Il faut que j'y aille. Merci encore et au revoir.

Sans rien dire de plus, Christine se lève et se dirige vers la sortie. Sylvie n'a pas le temps de se remettre de son étonnement et de la saluer que Christine a déjà disparu.

« Qu'est-ce qu'elle pouvait bien vouloir dire par là ? » se demande-t-elle en reprenant ses exercices.

8 LE HOCKEY, C'EST UNE DROGUE

— Le plus important, c'est de ne pas mettre tous ses œufs dans le même panier.

La voix de Jean-Pierre se veut calme et raisonnable même si, à l'intérieur, il est tendu comme un ressort. Il redoute la réaction de son fils.

Assis à la table de la cuisine, Yannik agite son pied en signe de frustration. Il attend un signe de complicité de la part de sa mère, mais en vain. Il dévisage alors son père en face de lui.

— Qu'est-ce que tu veux dire, au juste ?

Jean-Pierre place ses mains à plat sur la table dans un effort pour se contenir.

— Ce que je veux dire, Yannik, c'est que, si on te permet d'intégrer l'équipe des tournois interrégionaux, tu vas te concentrer davantage sur le hockey que sur des choses plus importantes, comme tes études.

Yannik se penche vers Jean-Pierre et se défend en gesticulant :

— Bien non ! Je te jure que je continuerai à travailler aussi fort à l'école.

Son regard sincère et convaincant ne réussit pas à faire fléchir ses parents. Aimée passe une main dans la chevelure de son fils et tente de le raisonner :

— Nous ne doutons pas de ta sincérité, Yannik, ni du fait que tu te crois capable de mener les deux de front. Mais tu es un être humain et donc tes capacités sont limitées. Tu ne peux pas tout faire dans la vie. Il faut faire des choix, même si, parfois, ils sont pénibles et vont à l'encontre de tes désirs.

Envahi par une vague de découragement, le garçon fixe la table. Debout à côté de la cuisinière où elle prépare du maïs soufflé, Roxanne vient à sa rescousse.

— Pourtant, tout le monde s'entend pour dire que Yannik est le meilleur joueur de notre équipe et l'un des plus prometteurs de la ligue. Vous devriez lui donner la chance de développer son potentiel au maximum. Peut-être même qu'il finirait par devenir professionnel.

Jean-Pierre foudroie sa fille des yeux.

— De quoi tu te mêles, toi?

Consciente d'avoir fait une gaffe, Roxanne se concentre sur son maïs soufflé. Jean-Pierre se reprend.

— Excuse-moi, Roxanne. Tu as le droit de participer à une discussion familiale. Mais toi et Yannik ne voyez que la surface du problème. Aimée et moi avons une vision d'ensemble.

Voyant que le discours de son conjoint rate sa cible, Aimée décide de lui prêter main-forte:

— Ce qui vous échappe, c'est le piège dans lequel Yannik risque de tomber. L'équipe des tournois n'est que le premier rouage d'une machine infernale. Plus de parties, plus d'entraînements. Les joueurs et leurs parents se préoccupent de plus en plus du jeu et de moins en moins de la croissance globale de la personne. Pour le jeune, le hockey devient comme une drogue. Plus il avance, plus ça devient coûteux: nouvel équipement, temps de glace pour l'entraînement, tournois hors de la ville et j'en passe. Les conflits entre la vie scolaire, sportive et familiale deviennent inévitables. Même s'il n'y a pas de chicanes, on constate que toute l'énergie vouée au hockey aurait pu servir à développer autre chose. Et, en fin de compte, le jeune joueur découvre qu'au niveau supérieur il y en a plusieurs qui sont du même calibre que lui et d'autres encore qui le surpassent. Plusieurs sont appelés mais peu sont élus. Alors qu'arrive-t-il ?

Aimée sent maintenant que ses enfants sont suspendus à ses lèvres.

— Le joueur se rend compte qu'il a tout misé sur le hockey et qu'il n'a pas assez développé ses autres talents. Et là, c'est l'écroulement de son univers et de son avenir. Se consacrer entièrement au hockey, c'est s'offrir un monde avec deux possibilités seulement. Se consacrer aux études, c'est s'offrir le monde en entier avec des possibilités presque infinies.

Silence. On n'entend plus que l'éclatement de quelques graines de maïs soufflé. Ce son étrange fait écho aux idées qui s'entrechoquent dans la tête de Yannik. Roxanne se souvient tout à coup du chaudron. D'un geste rapide, elle le retire du feu et transvide le maïs soufflé dans un bol qu'elle dépose ensuite au milieu de la table avant de s'asseoir avec les autres.

Tous se mettent à dévorer le maïs soufflé à pleine poignée. Yannik prend la parole le premier :

— Je comprends ce que vous voulez dire. Je ne veux pas finir comme ça. Mais il reste que j'aime beaucoup jouer au hockey. Est-ce que je ne pourrais pas au moins essayer ? Si, au bout de quelque temps, vous vous rendez compte que je néglige mes études ou quelque chose d'important, je lâcherai l'équipe sans arrière-pensée, je vous le promets.

Les regards de Jean-Pierre et d'Aimée se croisent. Pendant quelques secondes, le couple se consulte en silence. Jean-Pierre finit par soupirer et déclare malgré lui :

— Yannik, nous voulons que tu continues à jouer au hockey tant et aussi longtemps que ça te plaira et que tu en auras le loisir. Mais nous venons de t'expliquer les dangers que nous voyons à te laisser participer à l'équipe des tournois. Si tu n'es pas d'accord avec notre décision maintenant, imagine un peu comment tu te sentiras quand nous aurons à te dire non plus tard. Alors, c'est non et c'est la fin de la discussion.

Cette fois, le silence semble définitif et encore plus lourd qu'auparavant. Chacun s'arrête de manger pour réfléchir à ce qui a été dit. Roxanne évite le regard de son frère et voit l'horloge placée au-dessus du réfrigérateur : presque vingt heures.

— C'est l'heure de la partie ! s'exclame-t-elle tout à coup.

Elle bondit de sa chaise, se rend au salon et allume le téléviseur juste à temps pour entendre les dernières notes de l'indicatif de la Soirée du hockey.

Lentement, Yannik se lève à son tour et se traîne dans la pièce voisine. Jean-Pierre et Aimée se consultent des yeux encore une fois. Cette dernière caresse la main de son conjoint et tente de le consoler :

— Je sais, c'est dur d'avoir raison. Mais c'est la bonne décision.

Jean-Pierre laisse échapper un rire nerveux.

— Le plus bête, c'est que je me souviens d'avoir eu la même discussion avec mes parents quand j'avais l'âge de Yannik. J'espère qu'il nous en voudra pendant moins longtemps que, moi, j'en ai voulu à mes parents.

Aimée rit à son tour.

— Ils ont eu bien raison, tes parents. Tu es bien meilleur journaliste que patineur.

Le couple se lève. Jean-Pierre rejoint les enfants au salon tandis qu'Aimée se rend dans la bibliothèque pour poursuivre la lecture d'un roman. La partie débute : les Sabres de Buffalo affrontent les Maple Leafs à Toronto. La voix du présentateur du match s'anime :

« Ce soir on verra si la gardienne des Leafs, Sylvie Paiement, pourra conserver sa fiche de huit victoires consécutives. Par ailleurs, l'équipe torontoise se bat pour se tailler une place dans les séries éliminatoires qui doivent commencer dans une semaine à peine... »

Les trois Mongenais se concentrent sur le petit écran. Après avoir connu l'excitation d'assister à une partie au Gardens, ils se sentent moins près de l'action. Mais ils ont le loisir de pouvoir s'installer plus confortablement par terre tout en appréciant les reprises et les différentes prises de vues des caméras.

La joute se joue à un rythme d'enfer. Les attaques sont nombreuses et vont d'une zone à l'autre.

— À ce rythme-là, ils vont s'essouffler, remarque Jean-Pierre.

« Et c'est le but ! »

— Ouais !

Les cris heureux de Yannik et de Roxanne accompagnent ceux de la foule, car les Leafs viennent de marquer.

La tension monte d'un cran. Jean-Pierre se lève et va chercher du jus d'orange pour tout le monde. Avant la fin de la période, les Sabres réussissent à égaliser le compte. La caméra montre un gros plan de Sylvie Paiement retirant la rondelle du but avec un geste de dégoût.

Après l'entracte, la deuxième période se dispute toujours aussi chaudement. Les jeunes Mongenais commentent chaque arrêt. Au cours d'un avantage numérique, un tir frappé de la ligne bleue de Dan Asselin glisse au fond du but des Sabres.

Encore une fois, c'est l'euphorie au Gardens et dans le salon des Mongenais. Attirée par tout le tapage, Aimée vient voir où en est la partie. Pendant le deuxième entracte, les commentateurs échangent leurs impressions sur le match :

« Ce que nous allons voir au cours de la troisième période, c'est du jeu surtout défensif. Les Leafs suivent cette stratégie depuis qu'ils ont intégré Sylvie Paiement dans leur alignement. Une fois qu'ils obtiennent une avance, ils deviennent très prudents et la protègent. Leurs huit dernières victoires ont toutes été arrachées à l'adversaire de cette façon, la plus grande marge de pointage étant de deux buts. »

— J'allais justement le dire, laisse échapper Jean-Pierre en frappant le bras droit de son fauteuil.

— Quand Radio-Canada va-t-il t'offrir une promotion et te faire passer à la télé, mon beau Jean-Pierre ? demande Aimée, debout entre le salon et la cuisine. Tu n'es peut-être pas assez beau pour les téléspectateurs ?

Vexé, Jean-Pierre prend le coussin derrière son dos et le lance en direction de sa bien-aimée. Celle-ci l'attrape au vol et disparaît dans la cuisine pour se faire une tisane à la menthe.

On entame la troisième période. Dès les premières minutes de celle-ci, il devient évident que le commentateur et Jean-Pierre avaient raison. Le match prend un rythme plus lent, dominé par la formation torontoise. Leurs passes sont courtes et sans risque.

— C'est pourtant pas comme d'habitude, note Jean-Pierre. Les Leafs gardent le contrôle de la partie plutôt que de se fier à leur gardienne de but. Pourvu que Sylvie Paiement ne s'endorme pas et qu'elle reste éveillée jusqu'au moment où l'on aura besoin d'elle.

Quelques instants plus tard, la prédiction de Jean-Pierre se réalise. Un ailier des

Sabres s'empare du disque au cours d'une bousculade à la ligne du centre. Il le refile rapidement à un coéquipier qui réussit à percer en zone adverse du côté droit. À quatre mètres du but, il déclenche un excellent tir du poignet. Le gant de Sylvie s'élance et attrape la rondelle en plein vol. Elle hésite un instant et décide de la garder afin d'arrêter le jeu pour donner la possibilité à des troupes fraîches de prendre la relève. Le sifflet de l'arbitre retentit.

Dans leur salon, les Mongenais ont la chance de revoir l'arrêt à trois reprises, au ralenti et sous trois angles différents.

— Elle a des réflexes de chatte, cette femme! s'exclame Roxanne, emballée.

La caméra présente des prises de vues de spectateurs qui ont l'air soulagé. Tout à coup, on voit un gros plan de Charles Tremayne, en compagnie de sa fille, assis dans la loge de la haute direction.

«Le propriétaire des Maple Leafs a l'air très calme, mais sans doute se fait-il de la bile», commente l'annonceur.

La partie reprend et, malgré quelques nouvelles tentatives, les Sabres ne réussissent pas à percer la carapace de Sylvie Paiement.

Au cours de la dernière minute du jeu, les Sabres retirent leur gardien. Vingt secondes plus tard, les Leafs marquent un but dans un filet désert, scellant ainsi l'issue de la rencontre. Jean-Pierre ouvre le cahier des sports du journal, consulte le classement des équipes de hockey et proclame :

— Mes amis, si les Canucks de Vancouver perdent contre Montréal ce soir, les Maple Leafs vont participer aux séries éliminatoires.

Une dizaine de minutes plus tard, juste avant la fin de la Soirée du hockey, les commentateurs annoncent que Vancouver a perdu cinq à trois contre Montréal. Les jumeaux donnent libre cours à leur enthousiasme et font même une petite danse dans le salon.

« Je suis soulagé de les voir si joyeux, se dit Jean-Pierre. Tout à l'heure, il y en avait un qui avait le visage pas mal long. »

Roxanne va se coucher et, quelques instants plus tard, son frère l'imite. Avant de souhaiter bonne nuit à ses parents, Yannik, d'un ton très sérieux, leur annonce :

— Je voulais juste vous dire, parce que ça me tracasse, que j'ai réfléchi à votre décision au sujet de l'équipe des tournois.

Aimée et Jean-Pierre le regardent avec tendresse.

— Je vais respecter votre décision parce que je n'ai pas le choix. Mais je ne suis toujours pas d'accord. Bonne nuit !

Sans leur accorder un droit de réplique, Yannik tourne les talons et s'enferme dans sa chambre.

Peiné, Jean-Pierre se tourne vers Aimée.

— C'est drôle, hein ? C'est exactement ce que j'ai dit à mes parents.

9 DEVENIR UNE ÉQUIPE

Sylvie finit de lacer ses patins. « Je suis prête », se dit-elle en se levant. Elle quitte sa loge pour rejoindre le vestiaire bruyant des Maple Leafs. Elle aperçoit une place uniquement occupée par le masque protecteur de son coéquipier, le gardien John Flemming. Elle s'avance et lui demande poliment :

— Peux-tu pousser tes choses, s'il te plaît ?

Le gardien feint de l'ignorer. Sylvie insiste du regard jusqu'à ce qu'il lui décoche avec dépit :

— Une vedette de ton calibre ne devrait pas s'asseoir à côté d'un joueur médiocre comme moi. Va donc t'installer ailleurs, à côté d'une autre femme, peut-être.

Sylvie se prépare à riposter quand, à l'autre bout du vestiaire, Dan Asselin lui indique une place libre à côté de lui. Elle domine sa rage tandis qu'Asselin lui chuchote doucement :

— Ne t'occupe pas de Flemming. Il est en période d'ajustement. C'est un type aigri qui a des sautes d'humeur à l'occasion. Il s'en remettra.

L'entraîneur Cobbs arrive dans la salle et réclame le silence. La joie et l'enthousiasme rayonnent sur son visage. Depuis que la dernière victoire des Leafs leur a assuré une place dans les éliminatoires, l'entraîneur se sent à la tête d'une troupe qui commence enfin à réaliser son potentiel.

— Bon, les gars, vous savez tous que, ce soir, ce n'est pas une joute décisive pour nous. Alors, pas de folies et pas de blessures. Pour ce match et le prochain, c'est Flemming qui va être devant le but. C'est l'heure.

Tous les joueurs se lèvent et commencent à défiler en direction de la patinoire. Sylvie risque un coup d'œil discret vers le gardien de but désigné. Celui-ci évite son regard et se précipite vers la sortie.

Dan Asselin se lève à son tour et dit à voix basse :

— Maintenant, peut-être que tu comprends mieux.

Sylvie le regarde s'éloigner. En effet, elle commence à comprendre. La décision de l'entraîneur de changer de gardien ne surprend personne, car elle est tout à fait normale. Mais, pour John Flemming, cette mesure est perçue comme une gifle en pleine figure. Malgré l'attitude hostile de ce dernier, Sylvie ne peut pas s'empêcher d'éprouver une certaine pitié pour lui. Elle, une recrue toute jeune, a la possibilité de s'imposer, tandis que lui, un vétéran de dix saisons avec les Maple Leafs, ne peut plus emprunter qu'une pente descendante.

Sylvie se dirige vers le banc des Leafs. « Je voudrais bien savoir ce qui lui passe par la tête, à celui-là, songe-t-elle. Si on pouvait se parler, peut-être que je pourrais lui faire comprendre qu'on a tout à gagner en s'aidant l'un l'autre. »

○

Shlack !

Le bâton de Flemming frappe la glace comme la queue d'un castor. Un de ses coéquipiers à la ligne bleue lance dans sa direction. Le gardien arrête la rondelle facilement. Les tirs d'échauffement se succèdent. Machinalement, son corps les repousse tandis que sa tête bouillonne comme une soupe au lait.

« C'est pas comme ça qu'ils m'auront », se répète-t-il comme une prière. En treize ans de carrière, il n'a jamais vécu pareille humiliation. En remplaçant Sylvie Paiement pour lui éviter de courir le risque de se blesser dans un match sans importance, il joue le rôle habituellement réservé à une recrue fraîche émoulue d'une équipe des ligues mineures. Jamais il n'aurait pensé en arriver là.

La période d'échauffement terminée, on entonne l'hymne national. Flemming se tient droit, mais ses pensées suivent un cours sinueux : « Humilié comme ça, et par une femme, de surcroît ! »

Ses yeux se promènent d'un coéquipier à un autre. Il les connaît bien ! Depuis que la Paiement est là, ils se fendent en quatre pour jouer comme des pros. Mais quand il était le gardien régulier, ils se la coulaient douce ! Maintenant qu'il est de nouveau devant le but et qu'ils ont reçu la consigne de ne pas trop se fatiguer, ils vont l'abandonner à son sort. Peut-être même que certains d'entre eux espèrent le voir se planter davantage en concédant cinq ou six buts pour empirer sa fiche. Après tout, leurs rivaux de ce soir, les Red Wings de Détroit, doivent disputer un match décisif pour accéder aux éliminatoires. Il s'agit de leur dernière chance.

« C'est pas comme ça qu'ils m'auront ! » se jure Flemming, galvanisé. Quoi qu'il advienne, il se débattra comme s'il s'agissait du septième match de la finale de la coupe Stanley.

La joute, qui a lieu à Détroit, a attiré un grand nombre de partisans de l'équipe locale. Les Red Wings ne restent pas insensibles à leurs encouragements. Dès les premières minutes, ils profitent de l'attitude plus prudente des Maple Leafs pour effectuer des percées offensives. Flemming leur tient tête ; il protège son but avec la fébrilité d'un rescapé qui s'accroche à une bouée de sauvetage.

Après chaque arrêt, les joueurs des Leafs entendent la voix terrible et insultante de leur gardien qui, derrière le masque, les invective : « Faites un effort, bande d'abrutis. Personne ne vous a dit de faire les morts ! »

Mais les Red Wings, eux, forcent le jeu au maximum. Ils bombardent le filet à volonté. Après que leur gardien a réussi trois arrêts consécutifs, les Leafs le regardent avec étonnement, car eux-mêmes n'arrivent pas à croire que leurs adversaires n'aient pas compté.

Flemming se relève tranquillement et remet la rondelle à l'arbitre tout en lui signalant qu'il doit remplacer son bâton cassé sous l'impact du premier tir. Dan Asselin se charge de l'échanger. En remettant un nouveau bâton à Flemming, il le félicite :

— Mais qu'est-ce qui te prend ? Tu es formidable. On dirait que tu as le diable au corps.

— Je fais juste mon travail. On ne peut pas en dire autant de vous, répond sèchement Flemming.

La partie se poursuit et les Red Wings, s'ils sont frustrés, ne le laissent pas paraître. Les attaques reprennent de plus belle. Encouragés par les prouesses et les vitupérations de John Flemming, les Maple Leafs ripostent. L'intensité du jeu monte d'un cran. Quelques minutes plus tard, Dan Asselin se jette à plat ventre sur la glace pour empêcher l'échappée d'un attaquant de Détroit. Du bout de son bâton, il réussit à soutirer la rondelle à son adversaire. Les hurlements de la foule déçue font vibrer l'édifice.

Sur le banc des Leafs, c'est l'émoi. Les joueurs regardent leur coéquipier se relever lentement et reprendre le jeu.

« Mais ils sont tous devenus fous ou quoi ? », s'interroge tout haut Paul Cobbs, qui redoute de voir ses joueurs se blesser.

À l'autre bout du banc, Sylvie, qui a entendu le commentaire de son entraîneur, continue à suivre le jeu. « Non, ils ne sont pas devenus fous, ils sont devenus une équipe », constate-t-elle avec plaisir.

L'action se transporte d'un bout à l'autre de la patinoire, provoquant chez les joueurs et les spectateurs une intense excitation. Juste avant la fin de la période, au moment où les Red Wings traversent la ligne bleue des Maple Leafs, Jean Boucher réussit à ravir la rondelle à l'adversaire. Son coéquipier, Ted Sifton, part à vive allure et Boucher lui fait une passe. Sifton se retrouve en zone adverse. À cinq mètres du but des Red Wings, l'ailier décoche un tir rapide du poignet. La rondelle se loge dans le coin droit supérieur du filet, donnant ainsi l'avance aux Leafs.

Dans le vestiaire des Leafs, les joueurs échangent des paroles enthousiastes. Les uns parlent de leurs exploits ; les autres, de leurs jeux ratés. John Flemming, le sujet de nombreuses louanges, est au centre de ces conversations animées.

Mais les Red Wings n'ont pas dit leur dernier mot. Au début de la deuxième période, ils réussissent à marquer. À mi-chemin dans le match, c'est l'égalité.

Le sort va se jouer en troisième période. À cinq minutes de la fin, les Maple Leafs profitent d'un rebond inattendu de la rondelle pour la renvoyer dans le filet des Red Wings. Cependant, l'équipe de Détroit ne se laisse pas abattre sans un ultime assaut, mais c'est peine perdue. Quand la sirène met fin au match, l'équipe torontoise soupire de soulagement. Tous les membres de l'équipe vont féliciter John Flemming. Le gardien enlève son masque, révélant sa calvitie ruisselante de sueur et un grand sourire.

Quittant le banc la dernière, Sylvie Paiement se rend à son tour complimenter son coéquipier.

— Une excellente partie, John. Tu as inspiré toute l'équipe.

Le sourire de John se transforme subitement en un rictus glacial. Il ouvre à peine les lèvres pour proférer :

— Oui, j'ai montré de quoi je suis encore capable. Tu ne perds rien pour attendre ! Je suis loin d'être un homme fini, à la veille de prendre sa retraite.

Interloquée, Sylvie s'interroge sur le sens de ses paroles. Décidément, celui-là ne se laisse pas amadouer facilement.

10 L'ÉQUIPE DOIT TOUT PARTAGER

Aimée fait les cent pas derrière le banc des Lys sans quitter le jeu des yeux. Elle fixe l'horloge au bout de la patinoire : cinq minutes, dix-huit secondes. Sur la glace, elle suit la forme agile de Yannik qui s'approche du filet de l'équipe adverse. Il contrôle la rondelle avec facilité, déjoue un adversaire et, à deux mètres du but, il tire. Le gardien réussit à intercepter la rondelle. Le sifflet de l'arbitre arrête le jeu.

— La ligne de Patricia, c'est votre tour, commande Aimée.

Pendant une seconde, les trois joueurs s'interrogent du regard, mais n'osent bouger.

— Qu'est-ce que vous attendez? lance-t-elle sévèrement en faisant signe à la formation de Yannik de revenir au banc.

— Mais, madame, on est en train de perdre et, si on perd, on va être éliminés, répond Patricia, incrédule.

— Je le sais, Patricia. Mais c'est à votre tour. Vous êtes capables de marquer un but.

Le ton d'Aimée se veut calme mais ferme.

— Pas autant que Yannik, reprend la joueuse d'une voix désespérée.

Elle est tellement agitée qu'elle secoue la tête. Aimée doit réprimer un fou rire en remarquant que Partricia a ajouté deux lettres au prénom qui figure sur le devant de son casque, formant ainsi le mot

M-A-D-A-M-**E.**

— Ça n'a pas d'importance, Patricia. Yannik ne fait pas l'équipe à lui tout seul. C'est vous tous l'équipe. Ou bien on gagne ensemble, ou bien on perd ensemble.

Patricia et ses deux ailiers se dirigent vers le cercle de la mise au jeu dans la zone adverse. Devant le compte serré de quatre buts à trois et la fin prochaine de la troisième période, certains parents des joueurs s'énervent.

— Vas-y, Patricia, fonce !

— Frappe-le, Paul !

— Patine, Terry, patine !

Les deux équipes s'échangent la rondelle. Le trio de Patricia réussit une percée, mais le tir de la jeune fille est trop faible. L'équipe adverse contre-attaque mais commet un hors-jeu.

Essoufflée, la formation de Patricia demande à être relevée. Avec deux minutes à jouer, tous les joueurs des Lys se tournent vers Aimée. L'entraîneuse retire les mains des poches de son veston d'équipe qui arbore une fleur de lys, et elle touche l'épaule de Paul Desroches.

Le jeune centre, un peu surpris, se lève et saute sur la glace avec deux autres coéquipiers.

— Faites jouer Yannik ! s'écrie une voix rauque dans la foule.

Aimée ignore cette exhortation ainsi que les regards étonnés des joueurs sur le banc. Le nouveau trio, dont fait partie Roxanne, se défend de son mieux, mais leurs opposants les empêchent de lancer une offensive. Il ne reste qu'une minute. Les yeux se tournent encore une fois vers Aimée. Certains ont l'air de la supplier. Mais les joueurs connaissent la discipline de l'équipe. Au bout d'un long moment, elle fait signe au gardien de but de revenir au banc.

— Vas-y, Yannik.

Lorsque le gardien est assez proche de lui, Yannik saute dans la mêlée. Les joueurs des deux équipes se lèvent. Roxanne est aux prises avec un gros joueur à la gauche du but. Elle tombe, non sans avoir passé la rondelle à Yannik, derrière le filet. Le jeune Mongenais feint de rentrer le disque de côté et fait une passe rapide à Paul. Mais celui-ci ne parvient pas à maîtriser le disque et il le perd aux mains d'un défenseur qui dégage son territoire.

Les Lys s'empressent de lancer une ultime offensive, mais il est trop tard. La sirène annonce la fin du match. Avec tristesse, les Lys acceptent le verdict : pour eux, la saison est terminée. Aimée garde une mine positive.

— Bravo ! On a bien joué jusqu'à la dernière seconde. Allons féliciter les gagnants.

Elle prend la tête du cortège qui se rend au milieu de la patinoire. Les deux équipes s'alignent pour se serrer la main. Les joueurs se retirent ensuite dans leurs vestiaires respectifs. D'un côté, c'est la joie bruyante ; de l'autre, le triste silence.

Aimée tente de remonter le moral de ses troupes.

— Vous l'avez peut-être oublié, mais, en début de saison, on avait perdu six à un contre la même équipe. Cette fois on leur a non seulement tenu tête, mais on est passés à un cheveu de leur enlever la victoire. Vous vous êtes beaucoup améliorés depuis le début de la saison. C'est ça qui compte, et je suis fière de vous.

Son regard fait le tour du vestiaire. Elle perçoit quelques sourires, mais ils sont un peu timides. Quand ses yeux se posent sur Patricia, la jeune fille défait l'attache de son casque protecteur et le jette par terre.

— Pourquoi n'avez-vous pas laissé jouer Yannik plus souvent aujourd'hui ? Avec lui, on aurait eu une chance de gagner.

Un silence d'église s'installe dans la pièce. Aimée sent que Patricia se fait le porte-parole de tout le groupe. Elle tente de voir la réaction de son fils, mais ce dernier se détourne d'elle. Contenant son irritation, elle se rend posément au tableau accroché au mur, près de la porte. Elle écrit :

Lys = équipe.

— Une mise au point s'impose. Vous autres ici, vous êtes une équipe, pas un groupe de joueurs individuels. Vous n'avez pas tous le même talent, mais vous faites partie de la même équipe.

Elle s'arrête un moment et réfléchit avant de continuer :

— Et, en tant qu'équipe, vous devez tout partager : les victoires comme les défaites, le temps de glace et le temps sur le banc.

Elle se retourne vers le tableau et ajoute :

Jouer ≠ gagner.

— L'objectif de notre équipe, reprend Aimée, n'est pas de gagner, malgré ce que certaines personnes pensent.

Ses yeux, précis comme un rayon laser, visent Patricia qui baisse légèrement la tête.

— Notre objectif, c'est de permettre à chaque membre de l'équipe de développer ses capacités au maximum et de se dépasser. Et ça ne peut pas se produire si les meilleurs de l'équipe jouent les trois quarts du temps et les moins bons, l'autre quart. Si on faisait ça, peut-être qu'on gagnerait plus de parties, mais, selon moi, toute l'équipe perdrait.

Aimée dépose la craie qu'elle agitait entre ses doigts.

— Si vous êtes capables d'accepter ça, conclut-elle, je veux bien être votre entraîneuse la saison prochaine. Sinon, je suis prête à céder ma place à quelqu'un d'autre. Pensez-y. On s'en reparlera au banquet de fin de saison.

Sur ces mots, elle prend la porte. Derrière elle, le silence persiste pendant dix bonnes secondes. Enfin, l'effet de choc se dissipe assez pour que Patricia ose parler.

— Et toi, Yannik, qu'est-ce que tu penses de tout ça ?

Le jeune centre enlève ses épaulettes.

— Ce que j'en pense ?

Son regard se pose une fraction de seconde sur son chandail qui porte le numéro sept et le C de capitaine.

— Ce qu'elle a dit, ça fait mal et je dirais même que ça m'écœure.

Il ramasse son chandail et l'enfouit dans son sac d'équipement.

— Mais elle a raison.

11 LA NOUVELLE IMPORTANTE

Christine a de la difficulté à contenir sa joie. La journée à l'école lui a paru interminable. Elle n'arrivait pas à se concentrer sur quoi que ce soit tant elle avait hâte de se rendre au bureau de son père pour lui annoncer la bonne nouvelle.

Enfin quinze heures trente. Plutôt que de bavarder avec ses copines ou de les accompagner au café comme elle le fait d'habitude, Christine sort immédiatement de l'école. Elle hèle un taxi. Son père lui a offert à maintes reprises les services de son chauffeur, mais elle n'en a jamais voulu. La plupart du temps, elle prend le métro. Si elle avait recours au chauffeur de son père, celui-ci connaîtrait ses moindres déplacements et cela l'obligerait à rentrer directement chez elle après l'école. De plus, comme on la surnomme déjà « la riche héritière du hockey », elle préfère ne pas encourager ceux qui voudraient l'accuser de snobisme.

Aujourd'hui, elle n'a pas la patience de prendre le métro. Dans le taxi, elle retire de sa serviette de cuir l'objet de son excitation et le contemple une fois encore. La voiture circule lentement dans les rues achalandées du centre-ville en ce début d'heure de pointe. À certains coins de rue, elle voit les boîtes à journaux des quotidiens de la ville : la rouge pour le tabloïd *The Sun*, la bleue pour le *Toronto Star* et la grise pour le *Globe and Mail*. À la une de tous ces journaux, on parle des Maple Leafs qui, grâce à la solide performance de leur gardienne de but, Sylvie Paiement, ont éliminé les Oilers d'Edmonton hier soir pour accéder aux demi-finales.

Plus loin, elle remarque une des rares boîtes du journal hebdomadaire francophone, *L'Express de Toronto*. Même celui-ci titre : « La princesse de l'équipe cendrillon convoque les Leafs au bal de la coupe Stanley».

Christine secoue ses cheveux noirs. Elle repense à son entretien avec Sylvie Paiement dans la salle de conditionnement physique de son immeuble. «Bientôt elle va être capable de se payer une belle maison, peut-être même à Rosedale, dans notre quartier. J'espère qu'elle est au Gardens aujourd'hui. Il faut que je la voie.»

Le taxi s'arrête devant le centre sportif. L'adolescente grimpe les marches qui mènent au deuxième étage. Comme un coup de vent, Christine ouvre la porte du bureau de la secrétaire. Cette dernière la salue et lui annonce qu'elle devra patienter un peu, car son père est au téléphone et a insisté pour ne pas être dérangé.

Mais Christine n'a pas l'habitude de se faire refuser ce qu'elle veut. Elle porte un doigt à ses lèvres et fait ch! en se dirigeant vers la porte fermée. Très doucement, elle entrebâille la porte. Debout derrière son bureau, son père regarde par la fenêtre, le récepteur du téléphone sans fil collé à l'oreille.

Christine se glisse dans le bureau et avance sur la pointe des pieds. En silence, elle referme la porte en chêne massif. En s'approchant, elle remarque le cou tendu de son père qui parle d'une voix emportée.

— Oui, je sais que c'est bientôt les finales, mais je t'assure qu'il ne faut pas s'inquiéter. Dès que la finale commencera, tu pourras tout miser. Le problème sera supprimé avant la troisième partie.

Christine s'installe sur une chaise devant le bureau. Le frôlement du cuir de son manteau émet un petit bruit. Charles Tremayne se retourne brusquement.

— Il faut que j'y aille. Je te rappelle.

Il raccroche au nez de son interlocuteur. Durant quelques secondes, il ne dit rien. Christine sait qu'il compte jusqu'à cinq pour dissiper sa colère, un truc qu'il a employé souvent à son égard. Finalement, il explose :

— Bon sang ! Qu'est-ce que tu fais encore ici à venir me surprendre dans mon bureau ? J'avais expressément demandé qu'on ne me dérange pas.

Convaincue que ce qu'elle porte dans sa serviette saura apaiser la colère de son père, Christine lui explique avec entrain :

— Il fallait absolument que je te montre ça au plus vite. C'est frais paru de ce matin.

De sa serviette, Christine retire un petit journal où, à la une, on voit la photo de Sylvie Paiement dans l'uniforme des Leafs. Elle le tend à son père, plus hébété qu'heureux.

— C'est l'entrevue que j'ai faite avec Sylvie Paiement, accompagnée de la photo que ta secrétaire m'a prêtée. Le journal de l'école a publié mon article. Tout le monde en parle. Mon prof m'a donné un A. Tu te rends compte ? Moi, un A !

Tremayne parcourt rapidement l'article jusqu'à ce que ses yeux tombent sur cette affirmation de Sylvie Paiement : « S'il y avait plus de femmes, je crois que la qualité du jeu augmenterait et qu'il y aurait moins de rudesse qu'à l'heure actuelle. On verrait plus de finesse que de violence. » Tout à coup, il se sent écrasé par le poids de ses soucis et se laisse choir dans son fauteuil rembourré.

— Tu n'es pas content ? Un A !

Tremayne ferme les yeux un moment. « Si seulement elle pouvait comprendre... » Puis il se ressaisit.

— Christine, je me réjouis de ton succès. Il est vrai que tu as rarement décroché une si bonne note. C'est la preuve que, si tu travailles un peu, tu peux mieux réussir.

Quand il voit que ses paroles ont un effet positif sur le visage de Christine, il continue sur un ton très sérieux :

— Mais je veux que tu arrêtes de venir me surprendre dans mon bureau comme ça. Mon Dieu! je ne t'ai jamais vue autant que depuis le dernier mois.

Christine s'agite sur sa chaise et demande d'une voix vexée :

— Tu n'aimes pas ça me voir ici?

Tremayne soupire. Sa fille a le don d'interpréter de travers tout ce qu'il lui dit.

— Bien sûr que j'aime te voir. Mais je déteste me faire surprendre. D'autant plus que j'ai eu une de ces journées.

Christine se lève et se place derrière son père pour lui masser les épaules.

— Je vois ça. De quoi parlais-tu au téléphone? Cela avait l'air très sérieux.

Tremayne s'impatiente de nouveau.

— C'est trop compliqué à t'expliquer. Je veux bien que tu viennes me voir à mon bureau, en te faisant annoncer à l'avance, mais ne m'oblige pas à t'apprendre tous les détails de la *business*!

Christine pointe son article.

— J'ai même fait une recherche sur les antécédents de Sylvie. Regarde sa fiche! Une moyenne d'un virgule trois but par partie au cours de sa dernière année dans les ligues mineures.

Tremayne fait un signe de la tête pour montrer qu'il est sincèrement impressionné par le talent journalistique de Christine. Mais, au bout d'un moment, il s'exclame :

— C'est étonnant comme tu t'intéresses au hockey tout à coup. Avant, si tu venais voir une partie, c'était à reculons !

Christine sourit et contemple les photographies d'anciens joueurs accrochées au mur.

— Je dois avouer que ce n'est pas vraiment le hockey qui m'intéresse, c'est plutôt Sylvie Paiement.

— C'est bien ce que je pensais, déclare Tremayne. Mais qu'est-ce qu'elle a de si spécial, cette Sylvie Paiement ?

Christine se retourne vers son père.

— Contrairement à eux, répond-elle en pointant du doigt les photos, Sylvie Paiement est une véritable athlète. Elle joue d'abord et avant tout pour le sport, pour le dépassement physique de soi. Les hommes, eux, sont là pour l'argent, le prestige auprès de leurs copains. Mais, pour une femme comme elle dans un monde d'hommes, il ne peut pas y avoir de copains, seulement de la satisfaction personnelle.

Tremayne reste stupéfait par les propos de sa fille qui en remet :

— Peut-être que c'est trop compliqué pour que tu le comprennes.

Cette dernière remarque amuse Tremayne.

— Il faut que je sorte d'ici, je suis de trop mauvaise humeur. Allons souper ensemble.

Christine est ravie.

— Je ne vois pas pourquoi tu serais mécontent. Les Leafs viennent d'accéder aux demi-finales. C'est leur meilleur résultat de fin de saison depuis dix ans! Ça va rapporter beaucoup d'argent à ta société, non?

Tremayne se lève et Christine ramasse sa serviette. Tout à coup, elle s'écrie:

— Oh! il faut que j'aille voir si Sylvie est encore là. Je veux lui remettre un exemplaire du journal. Je reviens dans quelques minutes.

Tremayne n'a pas le temps d'ajouter quoi que ça soit que Christine est déjà partie. Il finit par se rasseoir. «Elle n'a pas fini de me surprendre, celle-là», se dit-il en commençant à lire l'article de Christine.

○

Sylvie sent qu'il y a quelque chose d'anormal avec son équipement. Mais elle ne peut pas dire de quoi il s'agit. Son accoutrement de hockey, elle l'a porté si souvent qu'elle le sent comme une deuxième peau. En fait, depuis quelques jours, son équipement la préoccupe beaucoup. Hier, juste avant la partie, elle a découvert de l'huile sur les lames de ses patins. Si elle ne les avait pas nettoyées à la hâte, elle aurait pu avoir de graves problèmes sur la glace.

Avant hier, pendant la séance d'entraînement, son bâton s'était cassé après quelques minutes de jeu seulement. Pourtant, il était presque neuf ! De plus, la façon qu'il s'était cassé lui avait paru bizarre, comme si quelqu'un y avait ménagé une fente susceptible de céder à la moindre pression.

Absorbée dans sa réflexion, elle lève la tête juste à temps pour faire face au tir de Jean Boucher. Son manque de concentration la trahit. Son gant se tend et frappe la rondelle qui pénètre dans le filet. Boucher se met à rire.

— Il ne faudrait pas que tu sois distraite comme ça demain soir, Sylvie, ou on va en arracher contre les Flames.

Sylvie accepte la boutade de bonne grâce.

— Il faut bien que je vous laisse marquer de temps en temps, dit-elle. Sans ça vous allez vous décourager. Allez, au suivant !

Le joueur s'exécute. Cette fois, Sylvie fait l'arrêt et dépose la rondelle. Soudainement, elle aperçoit Christine qui se glisse vers un siège derrière le banc des joueurs et qui lui fait un signe de la main. Sylvie réplique en levant son bâton à la hauteur de la taille. Elle affronte une nouvelle série de lancers.

Christine regarde sa montre et se penche vers le banc des joueurs où Paul Cobbs donne des directives à ses troupes.

— Salut, monsieur Cobbs, lance-t-elle de sa voix la plus affable. Est-ce que l'équipe en a encore pour longtemps ?

Un peu surpris, l'entraîneur se retourne et reconnaît la fille du propriétaire.

— Ah ! bonjour. Non, pas tellement. Je vais leur faire jouer une petite joute de cinq minutes et ce sera tout.

L'entraîneur siffle, donne ses ordres et regarde les joueurs se mettre en place. La partie s'engage : on n'entend plus que le grincement des patins sur la glace et le claquement de la rondelle contre les bâtons.

Christine se laisse distraire un moment par une voix chaleureuse.

— Bonjour, Christine. Alors, tu viens voir les séances d'entraînement maintenant ?

La jeune fille se retourne pour voir David Belcourt, balai en main.

— Bonjour, David. En fait, je suis juste venue remettre ça à Sylvie Paiement.

Elle montre un exemplaire du journal de son école au concierge.

— J'imagine qu'elle va être fière de voir ça, dit-il en l'examinant.

Ils se concentrent sur le jeu. Bientôt la troupe de Sylvie se trouve sur la défensive. La rondelle circule allègrement autour du filet tandis que les joueurs cherchent une ouverture. Finalement, de la pointe, un joueur rival décoche un tir hyper-rapide. Le disque ricoche sur un bâton, change de trajectoire et se dirige avec vélocité vers la tête de Sylvie. Avec force, il heurte son masque juste à côté de l'œil gauche. À la stupéfaction de tous, le masque de Sylvie se détache et tombe sur la glace en même temps qu'elle.

Deux joueurs s'agenouillent à côté de Sylvie et constatent qu'elle s'est évanouie. Le soigneur de l'équipe se précipite auprès d'elle. Christine court à travers les rangées et parvient derrière le but d'où elle peut mieux voir la forme allongée de Sylvie Paiement. Le concierge la rejoint. Ils regardent silencieusement la scène tandis que le soigneur s'accroupit avec sa trousse d'urgence à côté du corps inerte. Il place une compresse sur le visage tuméfié de Sylvie qui enfle à vue d'œil.

Le soigneur l'examine rapidement et essaie de ranimer Sylvie avec du sel volatil. Sans succès.

— Allez chercher la civière, ordonne-t-il d'une voix basse et grave.

Quelques minutes plus tard, Sylvie Paiement quitte la glace en civière. Dan Asselin se charge de ramasser l'équipement de la gardienne. « Bizarre, remarque-t-il, en examinant le masque. La courroie du côté gauche est cassée. » Il regarde l'attache suspecte avec plus d'attention. « C'est curieux, on dirait presque que la courroie a été fendue. » Troublé, il rejoint les autres joueurs au vestiaire. Presque tous ses coéquipiers n'ont qu'une seule pensée : « Pourvu que Sylvie ne soit pas gravement blessée ! »

12 L'INVITATION

« **O**uiaaiss ! »

La clameur de dix-huit mille voix s'élève dans le Maple Leaf Gardens. Les supporteurs de l'équipe torontoise applaudissent à tout rompre la fin de la sixième partie de la série demi-finale. La victoire des Maple Leafs quatre à deux contre les Flames de Calgary représente leur passeport pour la finale de la coupe Stanley contre les Flyers de Philadelphie.

Jean-Pierre Mongenais partage l'enthousiasme délirant de ses enfants qui applaudissent debout avec les autres.

— Je commençais à penser que je n'aurais jamais la chance de couvrir une série de la coupe Stanley à Toronto, hurle-t-il en essayant de faire entendre sa voix au-dessus du tumulte.

Le bruit s'estompe suffisamment pour que l'annonceur puisse présenter le choix des trois étoiles du match.

— Il n'y a pas de doute au sujet de la première étoile, déclare Roxanne. C'est le numéro trente-trois.

La voix de l'annonceur confirme son intuition.

« La première étoile : Sylvie Paiement. »

Le vacarme reprend de plus belle. La jeune gardienne, qui a retiré son masque, fait son apparition. Un pansement recouvre la blessure qu'elle a subie juste au-dessus de l'œil gauche. Sylvie fait un tour d'honneur en saluant la foule, qui répond par une ovation de plus en plus enthousiaste : Syl-vie, Syl-vie, Syl-vie.

Calé dans le fauteuil de sa loge privée, Charles Tremayne se tourne vers sa fille et s'écrie malgré lui :

— Ça fait presque vingt-cinq ans qu'on n'a pas entendu une foule pareille au

Gardens ! C'était comme ça à la fin des années 1960... bien avant que tu sois au monde.

Christine, qui apprécie l'exaltation de la foule débridée, ajoute :

— Depuis la fin de la saison régulière, les gens deviennent de plus en plus bruyants. Après chaque victoire, ils ont davantage d'espoir et d'entrain.

Tremayne sourit et fournit sa propre explication :

— Tu as en partie raison, mais il y a un autre facteur encore plus important. Depuis le début des éliminatoires, ce ne sont pas les mêmes gens qui viennent aux parties. Pendant la saison régulière, la grande majorité des billets est vendue à des entreprises. Ces gens-là ne s'excitent pas vraiment pour un match de hockey. Quand arrivent les éliminatoires, la plupart des entreprises ne se prévalent pas de leur option d'acheter les billets, plus coûteux à ce moment-là. Donc, monsieur ou madame Tout-le-Monde peut plus facilement assister aux matchs. Ce soir, les gens que nous avons devant nous, ce sont les vrais mordus des Leafs, leurs vrais supporteurs, et ils s'excitent à n'en plus finir, surtout quand leur équipe connaît enfin le succès.

Christine regarde la foule puis son père d'un air étonné. Depuis quelques semaines, depuis qu'elle s'intéresse à Sylvie Paiement, elle apprend des tas de choses au sujet du hockey professionnel.

Son père rompt le silence qui s'est installé.

— Accompagne-moi au vestiaire. Je veux féliciter les joueurs, dit-il en se levant.

Ils cheminent à travers les longs corridors où des supporteurs encore survoltés par la victoire de leur équipe continuent de commenter les faits saillants de la soirée. Tremayne sourit au gardien de sécurité placé devant la porte du vestiaire. Juste avant que son père n'ouvre la porte, Christine le surprend en lui lançant :

— Tu as quand même eu peur à cause d'elle, hein ?

La main de Tremayne se fige sur la poignée de porte.

— Qui m'aurait fait peur ?

Christine se rend compte qu'elle a parlé trop vite.

— Sylvie Paiement ! Quand elle a été blessée hier, ne craignais-tu pas qu'elle ne se rétablisse à temps pour la partie de ce soir ? Moi, je le redoutais.

Charles Tremayne fronce les sourcils et déclare sur un ton péremptoire :

— Mes joueurs ne me font pas peur. C'est moi le patron de cette équipe. Ils font ce que je leur dis de faire.

Christine et son père pénètrent dans le sanctuaire des Maple Leafs. « Qu'il est bizarre ce monde d'hommes, constate-t-elle. C'est une hiérarchie de relations de pouvoir. »

Père et fille circulent parmi la foule de joueurs, de journalistes et d'employés de l'équipe. La présence de Tremayne attire l'attention et, bientôt, une meute de journalistes se met à suivre le roi des Maple Leafs tandis qu'il serre à tour de rôle la main de *ses* joueurs.

Les journalistes ont rarement l'occasion de s'entretenir avec le propriétaire des Leafs, souvent absent lors des conférences de presse, et ils ne le lâcheront pas de sitôt. Christine se détache de la cohue. De toute façon, elle ne veut voir qu'une seule personne.

Discrètement, elle se rend au bout du vestiaire et passe par une porte que seuls les intimes du Maple Leaf Gardens connaissent, celle qui mène au local occupé par Sylvie Paiement. Elle veut à tout prix lui parler avant qu'elle ne soit assaillie par la meute de journalistes.

En arrivant devant la porte, elle est tout étonnée d'y trouver deux jeunes gens déjà en train d'attendre.

— Ah ! bonjour.

L'accueil chaleureux de Roxanne Mongenais déconcerte Christine plus qu'il ne l'amadoue. Pendant une seconde, elle s'interroge sur l'identité des deux adolescents qu'elle a l'impression d'avoir déjà vus.

— Tu es venue voir Sylvie Paiement, toi aussi?

La voix de Yannik se veut plus affirmative qu'interrogative.

— Notre père a dit qu'on en aurait pour une vingtaine de minutes à attendre. Ça ne devrait plus tarder.

«Ah! j'y suis, maintenant, se dit Christine, ce sont les enfants du journaliste de Radio-Canada. Je les ai déjà vus ici même.»

Christine soupire et remonte une mèche de ses cheveux noirs.

— Je suppose qu'il va falloir patienter, finit-elle par dire.

Un silence un peu inconfortable s'installe entre les jeunes gens. Du vestiaire, on entend des bruits, des éclats de voix d'hommes qui parlent avec entrain.

— Ça doit être fantastique d'être la fille du propriétaire des Maple Leafs, lance Yannik dans l'espoir d'engager la conversation. Tu peux assister à toutes les parties et tu dois connaître tous les joueurs.

Un peu flattée par l'admiration que Yannik semble lui porter, Christine se confie un peu.

— Oui, c'est vrai, mais je ne m'intéresse pas tellement au hockey.

Roxanne et Yannik se présentent.

— Et je suppose que vous savez déjà mon prénom?

— Ben oui, répond Yannik. La fille de Charles Tremayne, tout le monde la connaît.

— Vraiment?

Christine se prépare à demander aux Mongenais ce qu'ils savent au juste à son sujet quand la porte de la loge s'ouvre. Sylvie Paiement, ses longs cheveux encore humides, paraît devant ses trois fans dans un ensemble bleu et blanc.

— En voilà toute une surprise. Moi qui m'attendais à devoir affronter une horde de journalistes, me voilà en compagnie d'amis.

Le trio salue la gardienne et la félicite pour sa performance de la soirée.

— J'avoue que ça n'a pas été un match facile, surtout avec ça si près de l'œil, dit Sylvie en touchant son pansement. Mais demain, je devrais pouvoir l'enlever.

— On sait que tu es très occupée, Sylvie, commence Roxanne, mais on se demandait, mon frère et moi, si tu ne pourrais pas venir au banquet de fin d'année de notre équipe de hockey. C'est dans deux semaines.

Sylvie regarde les deux Mongenais qui, les yeux brillants d'espoir, attendent une réponse. Elle opte pour la prudence.

— Je veux bien y aller. Mais je ne peux pas vous le promettre tout de suite. Laissez-moi un numéro de téléphone où je peux vous joindre pour vous donner une réponse définitive.

Yannik sort un calepin de sa poche et y inscrit son nom et son numéro de téléphone. Il déchire la feuille et la donne à Sylvie qui la met dans sa poche. Puis elle leur annonce qu'elle doit y aller. Un peu gênée par la présence des deux autres adolescents, Christine balbutie :

— Tu n'aimerais pas venir souper à la maison un soir, Sylvie ? C'est très bien chez nous et je pourrais te montrer ma chambre.

L'invitation laisse Sylvie Paiement un peu interloquée. Elle hésite avant de répondre.

— Je ne sais pas. Pour l'instant, je crains que ce soit impossible. Plus tard, on pourrait peut-être s'en reparler.

La déception de Christine se lit sur son visage. Sans ajouter un mot, elle tourne les talons mais se heurte à Natasha, la relationniste de l'équipe, qui arrive en sens inverse.

— Excuse-moi, Christine. Bon, Sylvie, te voilà enfin ! J'ai une meute de journalistes qui veulent tous connaître tes impressions de la soirée. Et monsieur Tremayne est en train de faire des discours et des prédictions sur la série finale ! Viens vite.

Sylvie fait un salut amical aux Mongenais et suit Natasha qui la mène vers la fosse aux lions. Seuls pour un moment, Yannik et Roxanne échangent des regards pleins de joie.

— Tu sais, Yannik, on en a de la chance, conclut Roxanne.

13 UN APPEL ANONYME

Jean-Pierre Mongenais raccroche le récepteur d'une main lasse. Autour de lui, le tumulte habituel de la salle de nouvelles se poursuit. Un coup de fil anonyme, rien de pire pour un journaliste ! Un tuyau qui lui dit d'enquêter sur quelque chose sans même qu'il puisse savoir si sa source est le moins du monde fiable, si l'information est digne d'intérêt ou encore si elle peut mener à une nouvelle vraiment importante. Avec son stylo, il tapote sur son bureau pour chasser un peu de sa nervosité. Dans sa tête, il repasse les paroles du message : « Rendez-vous à l'aéroport pour le retour des Leafs aujourd'hui. Il se trame quelque chose... » Aucun autre détail.

Après une défaite et une victoire serrées contre les Flyers à Philadelphie, les Maple Leafs reviennent à Toronto aujourd'hui par avion. Ce n'est pas une information privilégiée. Mais que voulait dire au juste cette voix étouffée comme si l'interlocuteur avait recouvert le récepteur ? Qu'est-ce qui peut bien « se tramer » ? Et pourquoi lui avoir téléphoné à lui, un chroniqueur sportif de langue française à Toronto, plutôt qu'à l'un des journalistes des grands médias anglophones ? À moins qu'il s'agisse de quelque chose qui concerne un des joueurs francophones de l'équipe.

Jean-Pierre rumine ces questions pendant quelques minutes. Finalement, il téléphone à l'organisation des Maple Leafs pour savoir si on a prévu quelque chose de particulier pour le retour de l'équipe. Comme il s'y attendait, la réponse est négative. Il s'informe quand même de l'heure de l'arrivée du vol des Leafs. Treize heures. Bon.

Le journaliste compose alors le numéro d'un de ses collègues de la section des sports du *Toronto Star* pour lui demander s'il a reçu un coup de fil anonyme au sujet des Leafs. Non, rien de tel, mais, s'il a un tuyau, ce serait gentil de le partager avec les autres. Jean-Pierre lui explique qu'il n'a rien de sûr pour l'instant mais que, s'il y a du nouveau, il en fera part aux autres – une fois que la nouvelle sera passée en exclusivité à son radio-journal, bien entendu.

Jean-Pierre jette un coup d'œil à l'horloge sur le mur d'en face. Presque midi. Il a le temps de se rendre à l'aéroport. S'il y avait quelque chose de spécial à signaler, il devrait être en mesure de le faire pour le reportage de seize heures dix.

Il ramasse son veston et enclenche le répondeur. « J'espère que je n'ai pas tort, se dit-il en entrant dans l'ascenseur, sinon j'aurai perdu une bonne partie de l'après-midi. Mais mon intuition me dit qu'il y a quelque chose derrière cet appel anonyme. »

○

L'aérogare deux de l'aéroport Pearson de Toronto est toujours un endroit fort occupé. Aujourd'hui ne fait pas exception à la règle. Le journaliste se plante devant un des écrans qui annoncent l'arrivée des vols. Celui des Leafs est à l'heure. Jean-Pierre prend en note le numéro de la porte. « J'ai le temps, constate-t-il, l'équipe en a au moins pour une demi-heure avant de récupérer ses bagages et de passer les douanes. »

Devant les portes coulissantes, face au comptoir des douanes, il s'installe sur une chaise d'où il peut surveiller l'arrivée des voyageurs. « Ainsi les verrai-je sortir. » Les portes s'ouvrent et il voit passer des gens avec des valises mais aucun joueur des Maple Leafs. Le journaliste regarde sa montre à plusieurs reprises. Il trouve le temps long. « Toujours la même histoire avec ces coups de fil anonymes : tu attends et, neuf fois sur dix, c'est pour rien. »

Au bout d'une vingtaine de minutes, les portes s'écartent pour laisser passer Natasha Dillan. Jean-Pierre se précipite vers elle.

— Bonjour, Natasha, vous avez fait un beau voyage ?

Étonnée de le voir, la relationniste dévisage Jean-Pierre d'un air suspect.

— Oui, compte tenu des résultats.

— Alors, pouvez-vous... commenter les derniers événements ?

Jean-Pierre est direct. Il sait que, si les Maple Leafs ont quelque chose à cacher, il vaut mieux faire semblant de savoir de quoi il s'agit. Mais Natasha ne tombe pas dans le panneau. Elle semble plus navrée de la question que sur la défensive. Pour la circonstance, elle sort une des « formules habituelles »:

— Même si nous avons perdu une partie, c'était de justesse. Nous avons démontré que notre défensive peut tenir le coup. Tous les joueurs se sentent bien. Il y a une séance d'entraînement prévue demain matin.

Jean-Pierre écoute patiemment, puis il demande :

— Et... c'est tout ?

Natasha ne semble pas comprendre le sens de sa question.

— Que voulez-vous qu'il y ait de plus ? Demain soir, on verra la partie.

Jean-Pierre se rend compte qu'il n'a plus rien à en tirer. S'il y a anguille sous roche, il est évident que Natasha n'a pas du tout l'intention de lui en faire part.

— Les joueurs me suivent. À leur sortie, vous pourrez leur parler brièvement.

Natasha le quitte et Jean-Pierre reste debout, appuyé contre le garde-fou devant les portes coulissantes. Il regarde sa montre. Un groupe de joueurs sort et Jean-Pierre les salue.

« Décidemment, se fâche le journaliste, je n'ai plus rien à foutre ici ». Il se prépare à s'en aller quand, tout à coup, à une dizaine de mètres, près d'un des comptoirs d'inspection des douanes, il aperçoit Sylvie

Paiement entourée de deux policiers de la Gendarmerie royale du Canada.

Il se précipite pour empêcher la porte de se refermer. Pas d'erreur, c'est bel et bien la gardienne de but que la GRC emmène. Un agent de sécurité s'avance pour lui barrer l'accès du secteur. Jean-Pierre a beau protester, il se fait expulser.

« Il faut que je me rende au poste de police. S'ils ont arrêté Sylvie Paiement, je dois savoir pourquoi. » Jean-Pierre sort son téléphone cellulaire de la poche de son veston et compose le numéro de son chef de pupitre. Sans entrer dans les détails, il lui explique qu'il est sur une affaire importante à l'aéroport. Il espère pouvoir faire un reportage en direct dès qu'il aura plus d'informations. Et qu'on prévienne l'équipe du bulletin régional.

D'un pas pressé, Jean-Pierre se rend aux locaux de la GRC à l'aéroport. Il sait qu'il n'aura pas la tâche facile. Il explique à la préposée qu'il a été convoqué par Sylvie Paiement. Elle le dévisage d'un air méfiant.

— Vous savez, lui dit-elle, lorsque quelqu'un est en état d'arrestation, il a seulement le droit de voir son avocat ou un proche parent.

« Alors, c'est bien ça ! s'exclame Jean-Pierre en son for intérieur. Il faut attendre. Quelqu'un des Leafs se pointera bientôt. »

Le journaliste s'arme de patience. Ce qu'il avait prévu ne tarde pas à se produire. Cinquante minutes plus tard, un homme vêtu d'un complet trois pièces arrive sur les lieux. Jean-Pierre reconnaît Harry Abercromby, le principal avocat de l'organisation des Maple Leafs de Toronto. Il tend sa carte de visite et demande à voir la prévenue.

Jean-Pierre s'avance vers lui et se présente. Dès qu'il précise qu'il est journaliste, le visage de l'avocat perd toute expression.

— Vous comprendrez, monsieur Mongenais, que les Maple Leafs et ma cliente vont s'abstenir de tout commentaire pour l'instant.

Mais Jean-Pierre sait qu'il a le pied dans la porte et qu'on ne peut pas la lui refermer au nez sans lui donner quelque chose en échange.

— Bien sûr ! Je vais attendre que vous ayez consulté votre cliente et pris connaissance des accusations portées contre elle, mais il va de l'intérêt du public que vous donniez votre version des faits à la presse, sans quoi nous allons nous perdre en spéculations, ce qui causera à l'équipe plus de tort que de bien, comme vous le savez.

L'avocat semble réfléchir un moment.

— Bon, nous pouvons peut-être nous entendre sur ceci, monsieur Mongenais. Si vous vous abstenez de diffuser quoi que ce soit pour l'instant, et de prévenir d'autres journalistes, je vous remettrai une déclaration officielle en quittant l'aéroport.

— Entendu, déclare Jean-Pierre sans hésiter.

L'avocat disparaît dans le bureau que lui indique un officier. Pour sa part, Jean-Pierre quitte le poste de police et se trouve un coin tranquille. Il compose le numéro de la salle des nouvelles sur son cellulaire.

— Paul, annonce-t-il à son chef de pupitre, je suis sur un coup, mais je ne sais pas dans combien de temps je vais pouvoir entrer en ondes. Probablement pour le bulletin de seize heures trente. Peux-tu affecter quelqu'un d'autre à la préparation des nouvelles du sport ?

Jean-Pierre reprend son guet. Le temps s'égrène lentement. Toujours pas de signe de l'avocat. « Pourvu qu'il ne s'échappe pas par une autre porte », s'inquiète Jean-Pierre. Son chef de pupitre le rappelle deux fois. Le temps presse.

Finalement, il voit apparaître l'avocat et, à ses côtés, une Sylvie Paiement visiblement très ébranlée. En voyant le journaliste, Abercromby retire une feuille de sa serviette et la lui remet.

— Voici une déclaration officielle. Ma cliente est accusée de possession simple d'une petite quantité de cocaïne retrouvée dans ses bagages au cours d'une fouille aux douanes. Elle maintient qu'elle n'a jamais fait usage de stupéfiants et qu'elle n'a aucune idée de la provenance du sachet placé dans sa valise. Elle devra comparaître devant un juge de la cour provinciale dans deux jours. La direction des Maple Leafs tiendra une conférence de presse demain matin à dix heures trente, au Gardens, pour faire part de sa réaction.

Jean-Pierre est sidéré. Il regarde alternativement la feuille et les yeux rougis de Sylvie Paiement. Incapable de se retenir, elle balbutie :

— Il faut me croire, monsieur Mongenais. Je n'ai rien à voir avec cette histoire de drogue. Mes bagages n'étaient pas fermés à clef. Quelqu'un a essayé de se servir de moi.

D'une main ferme, l'avocat prend le bras de la jeune femme et la conduit vers la sortie.

— Bon, Sylvie, ça suffit. On ne fait plus de déclarations à la presse avant demain matin. Allez, je vous raccompagne chez vous.

Jean-Pierre les regarde partir. Il lit la déclaration et jette un coup d'œil à sa montre. Seize heures vingt-sept. Juste à temps. Il compose le numéro du studio de diffusion. Tout en marchant vers le coin tranquille qu'il a repéré tout à l'heure, il structure son reportage et prépare les réponses aux questions qu'on va lui poser. Mais il n'a pas le cœur au travail. «Il y a des jours où je déteste ce maudit métier», se dit-il en se plaignant à voix basse.

14 LA DÉCISION DU P.D.G.

Les yeux de Jean-Pierre font le tour de la salle. Des journalistes à gauche et à droite. La tension est à son comble. « On se croirait en train d'attendre l'annonce imminente d'une déclaration de guerre », se dit Jean-Pierre en écoutant l'agitation de ses collègues.

Radio-Canada a été le premier média à diffuser la nouvelle de l'inculpation de Sylvie Paiement pour possession simple de drogue. Peu après, toute la presse écrite et électronique a repris la nouvelle et les journalistes ont été convoqués à cette conférence de presse à l'atmosphère déprimante.

C'était toute une histoire. « La princesse de l'équipe cendrillon » accusée d'une faute impardonnable dans le monde du hockey : l'usage de stupéfiants. L'image jusque-là sans tache de cette jeune idole, admirée par des milliers de filles et de garçons, est maintenant ternie.

Les collègues de Jean-Pierre ont été nombreux à le féliciter pour son *scoop*. Mais celui-ci ne s'en réjouit pas, en grande partie parce qu'il est convaincu que Sylvie Paiement en est la victime. Il a rapporté les faits avec la plus grande objectivité, mais il n'arrive pas à croire que la drogue trouvée dans les bagages de la jeune femme lui appartienne. Une athlète de son calibre, même si elle se droguait à l'occasion, ne le ferait pas à un moment si critique des éliminatoires. Elle n'en serait pas capable sans compromettre son jeu spectaculaire sur la patinoire. Même le noceur le plus invétéré reste à jeun quand sa vie professionnelle en dépend.

Il y avait aussi ce mystérieux appel anonyme qui l'avait mis sur la piste. S'agissait-il d'une coïncidence ou du travail de quelqu'un qui a organisé un complot contre

Sylvie Paiement ? Bien sûr, il a signalé ce fait à la police, mais cela ne changeait rien au chef d'accusation.

Toutes ces questions tourmentent Jean-Pierre. Plus encore que les autres dans la salle, il espère qu'on va leur fournir des preuves de l'innocence de Sylvie Paiement. Si un autre joueur a planqué sa propre cocaïne dans les bagages de sa coéquipière, il est certain qu'il se dénoncera plutôt que de laisser Sylvie écoper à sa place.

À l'autre bout de la salle, une porte s'ouvre et Charles Tremayne, maître Abercromby, l'entraîneur Paul Cobbs et un autre cadre de la direction des Maple Leafs prennent place. De part et d'autre, on s'étonne de l'absence de la principale intéressée, Sylvie Paiement.

— Je n'aime pas ça, murmure Jean-Pierre à un de ses collègues de la télévision.

Personne n'a besoin de réclamer le silence, qui s'est fait tout seul. Charles Tremayne se racle la gorge.

« Mesdames et messieurs de la presse, nous vous avons convoqués pour vous faire part de notre réaction officielle au malheureux incident qui s'est produit hier et qui concerne la gardienne de but de notre équipe, Sylvie Paiement. »

Le président-directeur général ménage alors une pause dramatique avant de continuer :

« Comme vous le savez, l'organisation des Maple Leafs de Toronto exige de tous ses joueurs une conduite exemplaire, autant sur la glace qu'hors de celle-ci. »

« Où veut-il en venir avec ce discours moralisateur ? » se demande Jean-Pierre qui s'inquiète de plus en plus de la tournure des événements.

« Le chef d'accusation porté contre Sylvie Paiement survient à un moment très difficile pour l'équipe, en pleine finale de la coupe Stanley. Or, la gravité de l'accusation nous oblige à annoncer la suspension de madame Paiement, jusqu'à ce que son procès ait lieu. Ce soir, ce sera John Flemming qui gardera le but de l'équipe. Nous avons confiance. Malgré ce contretemps, notre équipe saura persévérer jusqu'à la victoire. »

La stupéfaction est totale. Personne ne s'attendait à une telle nouvelle. Une fois le premier choc passé, les journalistes se succèdent pour poser un torrent de questions :

— Croyez-vous que madame Paiement soit coupable ?

— Vous ne craignez pas de couper l'élan et le moral de l'équipe juste au moment où elle se dirige vers la victoire ?

— Si les Leafs perdent les deux prochains matchs, allez-vous revenir sur votre décision ?

— Le procès de Sylvie Paiement aura-t-il lieu avant la fin de la série ?

Charles Tremayne déclare que sa décision est irrévocable, quoi qu'il advienne. Le verdict dans l'affaire de Sylvie Paiement sera rendu par les tribunaux et non par lui.

Pour sa part, maître Abercromby affirme que le cas de Sylvie Paiement ne pourra être entendu que dans trois semaines, bien après la fin de la série. Paul Cobbs prend la parole pour expliquer que Sylvie Paiement, vu les circonstances, a refusé de se présenter devant les journalistes. Elle est très affectée par ce qui s'est passé, mais elle tient à protester de son innocence dans cette affaire.

Peu après, la conférence de presse prend fin. Les journalistes quittent la salle. Certains sont visiblement déçus par la nouvelle qu'ils devront rapporter. Tout comme les autres, Jean-Pierre regagne son bureau. Mais des doutes continuent à le hanter. « Qui, à part l'équipe adverse, aurait intérêt à ce qu'on empêche Sylvie Paiement de jouer ? Cacher quelque chose dans les bagages d'un des joueurs des Maple Leafs, c'est un coup qui n'a pu être monté que de l'intérieur. Seul quelqu'un qui a un accès direct aux joueurs et à leur équipement aurait pu le réussir. »

○

«... Et il semble à peu près impossible que la gardienne des Leafs puisse réintégrer l'équipe à temps pour mener à terme la série éliminatoire qu'elle a si brillamment commencée. »

— Ce n'est pas juste ! s'exclame Sylvie Paiement en regardant la fin du reportage au petit écran.

Dans un fauteuil à côté d'elle, Charles Tremayne appuie sur la télécommande pour éteindre le téléviseur.

— Nous sommes tous très bouleversés par cette affaire, Sylvie, mais vous comprendrez que je ne puis agir autrement.

Tremayne se lève et va s'asseoir derrière son bureau, dans son énorme fauteuil. « Il a bien l'allure d'un roi pompeux qui se pose sur son trône », pense Sylvie tout en essayant de contenir sa rage.

— Vous ne m'avez même pas donné la chance de me défendre devant la presse, monsieur Tremayne. Vous vous comportez comme si vous pensiez que je suis coupable.

Tremayne prend un air offusqué.

— Ce que je pense n'a aucune importance, Sylvie. Le juge décidera de votre culpabilité ou de votre innocence. Je ne peux pas courir le risque de vous laisser jouer et que, par la suite, vous soyez condamnée pour possession de drogue. D'un autre côté, si la cour vous acquitte, vous pourrez réintégrer l'équipe.

— Oui, bien sûr, la saison prochaine, une fois que la coupe Stanley nous aura échappé, réplique Sylvie avec sarcasme. Ce n'est pas pour moi que je vous dis ça, monsieur Tremayne. Pensez donc à l'équipe. Nous sommes si près de toucher au but et, pour la première fois depuis bien longtemps, tout le monde patine dans la même direction. Demandez-le à Paul Cobbs, il vous le dira. Les gars me connaissent, ils savent que la coke dans mes bagages n'était pas à moi. C'est clair qu'elle a été planquée là et que c'est quelqu'un de notre propre camp qui a fait le coup. Tant qu'on ne saura pas qui, les gars vont se soupçonner les uns les autres. Demandez donc à Dan Asselin quel effet ça va produire sur la glace.

Loin de se laisser attendrir par le plaidoyer de l'athlète, Charles Tremayne se fâche.

— Écoutez, Sylvie, ce n'est pas à vous de me dicter comment gérer mon club de hockey. Je sais mieux que vous où est son intérêt !

Sylvie ne peut plus se contenir.

— Vous connaissez sûrement mieux que moi la gestion d'une équipe, monsieur Tremayne, mais j'ai l'impression que vous connaissez mal ce qu'est le sport professionnel, l'idéal athlétique.

Tremayne est hors de lui. Avant qu'elle puisse s'esquiver, il hurle :

— Je vais vous dire ce qu'est un club de hockey professionnel : une entreprise dont vous, les joueurs, êtes les employés. Et, si l'entreprise ne génère pas des profits, vous perdrez tous votre emploi et la possibilité de poursuivre votre fameux idéal !

La dernière syllabe flotte encore dans l'air quand Sylvie claque la porte comme si elle souhaitait enfermer le P.D.G. des Maple Leafs dans son propre bureau. Aveuglée par sa rage, elle arrive dehors sans s'en rendre compte. Une bouffée d'air frais la ramène à la réalité.

« Bravo, Sylvie. Tu t'es brouillée comme il faut avec ton patron. Maintenant, je doute que tu puisses jamais réintégrer l'équipe, même une fois cette affaire de drogue tirée au clair. »

Elle se met à marcher dans la rue animée du centre-ville. « Tout ce que je peux faire maintenant, c'est trouver un endroit tranquille d'où je pourrai regarder la partie. » Après un moment de réflexion, elle complète sa pensée : « Pourvu que John soit à la hauteur devant le but ce soir. Vraiment, il se trouve dans une drôle de situation. La pression doit être presque insupportable. »

○

« ... *Protégera nos foyers et nos droits...* »

Les dernières paroles de l'hymne national chantées, John Flemming enfile son masque protecteur. « La troisième joute de la finale de la coupe Stanley. Tu ne pensais plus jamais revoir ça, hein, mon beau John ? » se dit le gardien en grattant la glace devant son but avec ses patins. « Si les gars peuvent jouer aussi bien qu'ils l'ont fait pour la jeune Paiement, on va se tirer d'affaire. Les choses se sont passées exactement comme le patron l'avait dit. »

Juste avant la mise au jeu du match, il se remémore son entretien avec Charles Tremayne, le soir précédent leur départ pour Philadelphie. Il était allé voir le patron des Maple Leafs en dernier recours. Tremayne allait sûrement se souvenir de toutes ses années de service rendues à l'équipe. Il n'allait pas laisser le doyen de l'équipe se faire remplacer par une jeune recrue... une femme en plus. « Elle a beau être bonne, avait-il expliqué au P.D.G., mais une fois la lune de miel finie, elle ne nous apportera que du malheur. »

Un peu étonné, Flemming avait trouvé chez Tremayne une oreille plus que sympathique. Celui-ci l'avait non seulement écouté, mais il lui avait fourni la solution. D'abord, il lui avait expliqué qu'il ne pouvait pas parler ouvertement contre Sylvie Paiement. Tant que sa performance demeurait aussi bonne et lui assurait la faveur du public, il avait les mains liées. Mais lui aussi voulait se débarrasser de cette femme qui n'avait pas sa place dans une équipe de hockey professionnel. En fait, il ne voyait qu'un moyen de s'en défaire : créer un incident pour justifier sa suspension de l'équipe. « Justement, tu pourrais nous aider, John », lui avait déclaré Tremayne.

Le patron lui avait alors donné une adresse à Philadelphie où il devait récupérer un petit paquet. Ensuite, il n'avait qu'à s'arranger pour placer le colis dans les bagages de Sylvie Paiement, à son insu. Le reste, Tremayne s'en occuperait...

La rondelle tombe de la main de l'arbitre. John essaie d'effacer toute pensée de sa tête et de se concentrer uniquement sur le jeu. Il ne s'était pas vraiment interrogé sur le contenu du paquet qu'il avait glissé dans le sac de Sylvie à l'aéroport de Philadelphie. Il avait tout simplement obéi. Ce matin, Tremayne l'a rassuré : même si on trouvait Sylvie coupable, la quantité de drogue découverte dans son sac était si petite et ses antécédents si bons, que la pire peine qu'elle encourrait était une amende.

Malgré lui, John ne peut s'empêcher de penser que Tremayne y est allé un peu fort. Il aurait préféré tout simplement ébranler Sylvie, comme il avait tenté de le faire en sabotant son masque et d'autres pièces de son équipement. Mais le patron avait sans doute ses raisons, et il est vrai que son plan avait réussi tandis que le sien avait échoué.

John récupère la rondelle lancée par un des joueurs des Flyers de la ligne du centre, juste à droite du filet. Il la passe à un défenseur de son équipe. « Arrête de penser à ça, John, tu n'y peux rien maintenant. Il y a juste le jeu. C'est ta chance. »

Les Flyers, qui veulent prendre le dessus dans la série, patinent comme des démons. Ils s'acharnent vigoureusement contre la défensive des Leafs qui souffre d'une certaine torpeur. John Flemming fait quelques bons arrêts, mais les tirs se succèdent à un train d'enfer. Finalement, un de ceux-ci trouve son chemin jusqu'au fond du filet.

John a beau essayer d'encourager ses coéquipiers, il a l'impression qu'ils ont perdu leur cœur. De plus, ils ne réagissent plus aussi rapidement à son style de jeu. À quelques reprises, il a l'impression qu'ils attendent autre chose de lui. « Ils veulent que je joue comme Sylvie, constate Flemming. Ils voudraient que je m'aventure davantage hors de mon filet, que je prenne des risques. Mais ça, c'est pas mon style ! »

Les Maple Leafs finissent la période en concédant un autre but. La deuxième période ne se passe guère mieux, ni la troisième. Finalement, la partie se termine par un compte de cinq buts à un. Les Leafs encaissent leur deuxième défaite de la série, cette fois devant leurs supporteurs. John Flemming a joué une partie solide mais pas extraordinaire. On ne peut pas en dire autant de ses coéquipiers.

Dans la salle de presse, les commentaires vont bon train. Le chroniqueur du *Globe and Mail* ferme son ordinateur portatif, le débranche et, en se tournant vers Jean-Pierre, il déclare :

— Je m'ennuie du jeu de Sylvie Paiement et je pense que je ne suis pas le seul.

D'un geste de la tête, Jean-Pierre l'approuve.

— Oui, je pense que Tremayne va constater qu'il a pris la mauvaise décision. Dommage qu'il soit trop orgueilleux pour le reconnaître.

15 L'IDÉE DE CHRISTINE

Le téléphone arrache Charles Tremayne à la lecture des journaux étalés sur le bureau devant lui : « La princesse partie, le carrosse se transforme en citrouille »; « Les Leafs perdus sans leur gardienne de but »; « Les Flyers profitent de la débâcle des Leafs… » Toronto ayant perdu son troisième match, la vapeur semble renversée.

Tremayne laisse l'appareil sonner quelques coups de plus. Comme il s'agit de sa « ligne spéciale », il sait qui est à l'autre bout du fil. Le bruit de la sonnerie réveille le doberman qui somnolait à côté du bureau.

— Allô, répond-il finalement.

À l'autre bout, la voix lui parle d'un ton familier mais sec.

— Tremayne ? Tu as vu les manchettes ?

— Oui, bien sûr que je les ai vues, affirme Tremayne en flattant le chien.

Il se lève et, comme il en a souvent l'habitude quand il est angoissé, il se plante devant la grande fenêtre pour contempler la rue fort animée.

— Nous avons raison de nous réjouir. Tout se déroule comme prévu.

Absorbé par sa conversation, le P.D.G. n'entend pas la porte de son bureau s'ouvrir tout doucement. Christine se glisse silencieusement dans la pièce. Le chien fait un pas vers elle, mais la jeune fille lui fait signe de se coucher. Bien dressée, la bête obéit. Contente de surprendre encore une fois son père, qui regarde toujours dehors, la jeune fille avance sur la pointe des pieds vers le bureau. Tout à coup, une parole de Tremayne la fige sur place.

— Comment j'ai fait pour la drogue ? On a eu de la chance. Flemming s'est porté volontaire. Un petit coup de fil aux douanes et le tour était joué. Non, non, aucune crainte de ce côté-là. Flemming ne se doute pas que je le veux devant le filet pour perdre. De toute façon, si jamais il change d'idée et raconte ce qu'il a fait, je le désavouerai. Il ne pourra rien prouver et il aura l'air d'un toxicomane désespéré qui invente des histoires pour sauver sa peau.

Christine réprime un cri. Elle se maîtrise. «Il ne faut pas qu'il sache que j'ai entendu ça», se dit-elle en faisant marche arrière. En un clin d'œil, elle se réfugie derrière la porte qu'elle laisse entrebâillée pour entendre la suite.

— Miser davantage? Je pourrais peut-être trouver encore vingt mille dollars. Mais, avec la cote qu'ils nous ont donnée au début de la série, nous allons gagner assez d'argent pour régler mes problèmes sans ça. La gardienne de but? J'ai un bon prétexte maintenant pour résilier son contrat. Si elle est innocentée, je pourrai l'échanger contre un bon joueur ou de l'argent. Si la cour la trouve coupable, je pourrai tout simplement l'abandonner à son sort.

Christine en a assez entendu. Elle aimerait s'en aller et réfléchir à tout cela. Mais la secrétaire de son père l'a vue passer, donc il saura qu'elle était là. Elle doit le voir maintenant.

— Bon, on se reparlera après le prochain match. Salut.

Christine ouvre bruyamment la porte et pénètre dans le bureau en souriant.

— Bonjour, papa, dit-elle au moment où Tremayne dépose le récepteur du téléphone.

— Salut, Christine. Tu viens encore me demander de l'argent?

Celle-ci fait semblant de trouver la plaisanterie drôle.

— Non, mais tu as vu ce que les journaux disent à ton sujet?

Charles Tremayne retrouve son sérieux et tripote les journaux sur le bureau.

— Oh oui, je les ai tous lus! Untel dit que je suis fou, l'autre injuste, que je devrais donner le bénéfice du doute à Sylvie Paiement. Ce n'est pas la première fois que la presse me crucifie et ce ne sera sans doute pas la dernière.

— Mais tu ne trouves pas qu'ils ont un peu raison? demande Christine en se hissant sur le bord du bureau.

— Écoute, ma petite, je suis beaucoup plus que le P.D.G. d'une simple équipe de hockey. Partout au pays, il y a des garçons qui rêvent de jouer un jour pour les Maple Leafs de Toronto. Je viens d'une époque où l'on considérait les joueurs comme des modèles, des exemples à suivre. Il faut que quelqu'un dans cette ligue de fous donne l'exemple, montre qu'il y a encore des valeurs sacrées dans ce monde où nous vivons.

« Hypocrite ! pense Christine, exaspérée. Il ose parler de moralité après ce qu'il a fait. » Heureusement qu'elle aussi n'est pas dépourvue de talents de comédien.

— Peut-être que tu as raison. Au fait, je voulais te demander deux laissez-passer pour des amis qui veulent voir la partie. Dans la section bleue, ce serait bien.

Tremayne ne peut s'empêcher de ricaner.

— Tu m'as déjà demandé des billets pour le cirque, pour le spectacle des Rolling Stones et de combien d'autres artistes, mais c'est bien la première fois que tu me demandes des billets pour le hockey. Bon, tu peux arranger ça avec ma secrétaire. Maintenant, va, j'ai une réunion du conseil d'administration dans quinze minutes.

Christine prend congé de son père. En quittant le bureau, elle se félicite d'avoir conçu son plan si rapidement. « Pourvu qu'ils veuillent marcher avec moi », espère-t-elle.

○

— C'est une belle place pour un rendez-vous, remarque Roxanne tandis que son frère ouvre la porte de la Brasserie Zola, dans le quartier Yorkville.

À l'occasion, les deux jeunes se sont déjà promenés dans ce secteur huppé de la ville, mais ils n'ont pas l'habitude de fréquenter ce type de boutiques aux prix exorbitants.

— Si on est chanceux, peut-être que notre hôtesse nous offrira de payer la note, ajoute Yannik en riant.

Les jumeaux s'avancent dans l'établissement achalandé et aperçoivent Christine, attablée devant un café au lait, au fond de la salle. Elle leur fait signe et ils se frayent un chemin jusqu'à elle.

— Bonjour ! Je suis heureuse de vous revoir. Vous prendrez bien quelque chose. Ici, le gâteau forêt-noire est le meilleur en ville.

Aucun doute quant à la vérité de ce qu'elle avance, car Christine, qui a mangé dans tous les bons restaurants de la ville, parle en connaissance de cause. Yannik et Roxanne prennent place. Quand le serveur passe, Roxanne commande une tisane à la menthe et son frère, un chocolat chaud.

— Tu as dit au téléphone que tu voulais nous voir pour nous demander un grand service, un service qui pourrait aider Sylvie Paiement, commence Yannik. Voilà, nous sommes venus. De quoi s'agit-il ?

Christine, qui se tourmente depuis qu'elle a appelé la veille chez les Mongenais, se sent rassurée par leur présence. Son intuition lui dit qu'elle a raison de leur faire confiance. Mais, pour sauver Sylvie Paiement, elle devra sans doute dénoncer son père et cela la trouble. Au bout d'un moment de réflexion, elle se décide et, d'une traite, raconte aux Mongenais la conversation téléphonique qu'elle a surprise dans le bureau de son père. Ses interlocuteurs l'écoutent avec grand intérêt.

— La drogue a été dissimulée par quelqu'un de l'équipe ! ne peut s'empêcher de s'exclamer Yannik. Mon père s'en doutait. Il n'a pas cru une minute que Sylvie Paiement soit une toxicomane.

— Moi non plus, ajoute Roxanne. Mais je ne comprends pas ce qui pourrait pousser ton père à agir de cette façon. À quelle fin ferait-il du tort à sa propre équipe ?

Les consommations arrivent et Christine attend que le serveur reparte avant de poursuivre la discussion.

— C'est ce que je n'arrive pas à comprendre. Durant la conversation, il a été question d'argent et de miser. Je ne sais pas ce qu'il voulait dire.

Un silence s'installe. Pendant un moment, Yannik tortille sa petite couette.

— Mais pourquoi nous avoir confié tout cela? Il faut aller le raconter à la police, Christine.

La jeune fille secoue la tête.

— Je ne peux pas dénoncer mon propre père, même si ce qu'il a fait est terrible. De toute façon, je le connais. Il a dû assurer ses arrières. Si je raconte ça à la police, qui va me croire? Mon père n'aura qu'à tout nier en bloc.

Nouveau silence. Christine a sans doute raison. Quelle preuve pourrait-elle avancer contre son père? Il n'aurait tout bonnement qu'à dire qu'elle a mal interprété ses propos au téléphone.

— Alors, pourquoi nous mettre dans le coup si tu ne veux pas le dire à la police? demande Roxanne, perplexe.

— Parce que j'ai besoin de votre aide pour aller au fond de cette histoire et recueillir des preuves. Je sens que vous voulez aider Sylvie Paiement autant que moi.

À l'expression de leurs visages, Christine comprend qu'elle a visé juste.

— Alors, que peut-on faire? demande Yannik.

Soulagée, Christine explique aux Mongenais le plan d'action qu'elle a mijoté.

— Je suis convaincue que la clé de cette énigme se trouve dans le bureau de mon père. Je vais vous remettre deux laissez-passer pour la partie de ce soir. S'il y a un moment où l'on peut être absolument sûr qu'il n'y aura personne dans le bureau de mon père, c'est pendant une joute des Leafs. Je m'arrangerai pour que, ce soir, vous ayez accès au bureau. Vous aurez le temps de chercher et de trouver quelque chose qui nous permettra d'établir l'innocence de Sylvie Paiement.

— Et ton père ? lance Roxanne d'une voix grave.

— S'il s'est mal conduit, il devra en payer le prix, déclare Christine avec fermeté. Et s'il est en train de se laisser entraîner par d'autres dans un engrenage dangereux, il faut l'arrêter avant qu'il aille trop loin.

— Ce serait un peu plus facile, constate Yannik, si on savait ce qu'on cherchait, mais ça vaut la peine d'essayer. Cependant, que va-t-on faire si jamais on se fait pincer ?

Christine a prévu cette éventualité.

— Il y a une porte sur la droite dans le bureau de mon père. Je ne sais pas où elle donne, mais, si quelqu'un vous surprend, vous pourrez toujours vous cacher là. Au pis aller, je dirai tout à la police et je confronterai mon père en espérant que la Justice pourra tirer l'affaire au clair sans notre aide. Mais j'ai confiance. Notre plan réussira.

Roxanne avale sa dernière gorgée de tisane.

— Il vaut mieux que tu aies raison, déclare-t-elle. Il en va de la carrière de Sylvie Paiement.

16 LA FOUILLE

« Ah!!! »

Un soupir de déception s'échappe des vingt mille spectateurs au Maple Leaf Gardens quand le gant du gardien de but des Flyers saisit le tir de Dan Asselin avant qu'il n'atteigne la cible. Le jeu s'arrête.

Bien calés dans leurs sièges de la section bleue, Yannik et Roxanne suivent l'action aussi attentivement que le reste de la foule. Les Flyers mènent toujours par le compte de deux buts à un, à mi-chemin dans la partie, mais le jeu est beaucoup plus serré que lors du match précédent. Les spectateurs retiennent leur souffle en attendant le résultat de chaque nouvelle manœuvre.

Le jeu reprend. Les deux Mongenais se concentrent tellement fort sur celui-ci que plusieurs secondes s'écoulent avant que Roxanne aperçoive Christine qui, au bout de la rangée, leur fait signe. Elle tapote l'épaule de son frère et se lève. Yannik l'imite et, peu après, ils se retrouvent tous les trois dans un corridor.

— Il faut faire vite, dit Christine en marchant. Mon père m'attend dans sa loge. Vous avez tout ce qu'il vous faut ?

— Oui, nos lampes de poche et de quoi écrire, répond Yannik en montrant son sac à dos.

Christine les guide dans un labyrinthe de couloirs faiblement éclairés.

— On prend un chemin détourné pour éviter de rencontrer des gens. Prenez-en bien note, car vous aurez à revenir tout seuls.

Au bout d'un long moment, ils arrivent enfin à une antichambre au bout de laquelle Christine leur indique une porte massive.

— Voilà, c'est là. Voici la clé. Je l'ai prise au trousseau du concierge et il faut que je la remette ce soir avant qu'il s'en rende compte. Je vous retrouverai dans votre section après la partie.

Roxanne tend la main pour accepter la clé.

— Bonne chance! ajoute Christine.

À pas feutrés, les jumeaux se rendent devant la porte, au fond du couloir. Roxanne insère la clé et la fait tourner. Un déclic et la porte en chêne s'ouvre. Les deux détectives amateurs pénètrent dans la pièce sombre en verrouillant la porte derrière eux. Yannik enlève son havresac et en retire une mince lampe de poche qu'il passe à Roxanne. Ensuite, il sort sa propre torche électrique. Il fait danser la lumière sur les meubles du bureau.

— Par où commencer? chuchote-t-il à sa sœur.

— D'abord, examinons les lieux, répond Roxanne.

Elle dirige le mince faisceau de lumière jusqu'au bureau, puis elle l'oriente sur la gauche où il éclaire une porte.

— Tiens, c'est la porte que Christine a mentionnée.

La jeune fille s'avance pour l'examiner de plus près.

— Il y a un verrou des deux côtés, mais il est seulement tiré à l'intérieur du bureau. On pourra donc y chercher refuge facilement, constate-t-elle en revenant vers le bureau. Mieux vaut avoir une solution de rechange avant même de commencer.

Elle éclaire la surface du bureau. Tout y est bien rangé.

— Je suis bien embêté, avoue Yannik. Voici le téléphone spécial de Tremayne.

Il projette sa lumière sur le téléphone. Il est sur le point de saisir le récepteur quand la main de Roxanne se pose sur la sienne.

— On a oublié les gants !

Yannik s'arrête et retire de son sac deux paires de gants en latex mince. Il en passe une paire à sa sœur et enfile l'autre. Il examine ensuite l'appareil téléphonique. Le répertoire des numéros programmés est vide.

— Je ne sais pas où monsieur Tremayne peut bien garder ses numéros confidentiels, mais j'ai l'impression qu'il va falloir fouiller un peu.

Roxanne ouvre le tiroir principal du bureau : des stylos, des trombones, quelques papiers... Elle éclaire sa montre : déjà vingt et une heures !

— Ça risque d'être long, notre affaire ! Pourvu qu'on ait assez de temps pour trouver un élément de preuve.

○

La lumière rouge s'allume derrière le filet des Maple Leafs. Un silence morne s'abat sur la foule. Les Flyers ont compté une troisième fois. John Flemming retire la rondelle du but avec dépit. « J'aurais dû l'avoir, celui-là ! C'était un lancer facile », se reproche-t-il.

Il ne reste plus que dix minutes à la troisième période et les Leafs tirent de l'arrière par deux buts. Malgré toutes les exclamations de déception autour de lui, Charles Tremayne demeure impassible. Il place les avant-bras sur le seuil de la fenêtre de sa loge.

— Celle-là, Flemming aurait dû l'arrêter, dit-il plus pour lui-même que pour les autres.

Assise à sa droite, Christine observe son père sans rien dire. « Il doit déjà songer à un moyen de se débarrasser de Flemming, pense-t-elle. Le hockey, c'est vraiment un monde ingrat, sans pitié. »

La partie se poursuit, mais on sent un effondrement chez les Maple Leafs. Leur jeu résigné semble indiquer qu'ils ont déjà lancé la serviette. Les Flyers profitent de cette mollesse pour dominer le jeu de plus belle. Cinq minutes plus tard, ils comptent un autre but. Charles Tremayne se lève.

— S'ils ne peuvent pas jouer mieux que ça, je veux pas les voir jouer, déclare-t-il d'une voix contrariée. Christine, quand tu seras prête à partir, tu demanderas au chauffeur de te ramener à la maison.

— Mais où vas-tu ? demande Christine d'un ton qui masque à peine son affolement croissant.

— Il faut que je passe à mon bureau prendre quelques affaires. Ensuite, il faudra faire l'autopsie de cette partie lamentable avec l'entraîneur. Je rentrerai tard. Tôt demain matin, je pars avec l'équipe pour Philadelphie. Je ne te reverrai peut-être pas avant mardi matin.

Charles Tremayne embrasse sa fille sur le front et part en direction de son bureau. « Pourvu qu'ils aient eu assez temps », espère Christine en consultant sa montre.

○

— Ça fait plus d'une heure qu'on cherche et toujours rien pour nous mettre sur une piste, soupire Roxanne en regardant sa montre.

Son frère ferme le classeur où il vient d'examiner les titres de dossiers.

— Même pas un carnet d'adresses ou un compte de téléphone où on pourrait trouver le numéro de cet associé mystérieux de Tremayne. On a fait notre possible et on devrait partir avant que…

— Chut ! Écoute, dit Roxanne, saisie de peur.

Des pas résonnent dans le corridor. Charles Tremayne allume les lumières pour éclairer son chemin. Une ombre se dessine sous la porte du bureau. La clé tourne et le battant s'ouvre. Tremayne tâte le mur et touche le commutateur. Il avance jusqu'à son bureau et s'assoit dans son fauteuil en se frottant les mains de plaisir. Il enfonce deux touches du téléphone.

— Van Hout ? Tu as vu la partie ? Oui, tu as eu un peu peur, hein ? Encore une autre et on va toucher le gros lot. Comment ? Te verser ta part ? On fait comme il a été convenu. Tu émets les factures au nom de la firme CANBUS pour les sommes qui totalisent le montant de la mise contre les Leafs. Puis tu encaisses les chèques faits au nom de CANBUS. C'est CANBUS qui versera ma part et la tienne dans nos comptes suisses sous la rubrique dividendes corporatifs. Sur papier, ça doit paraître parfaitement légal.

Tremayne fait une pause et écoute tout en riant.

— Les *bookmakers* s'inquiètent ? Ils ont bien raison. C'est un bon coup. On a bien fait de régler nos affaires après la première partie. Les cotes étaient bonnes. Pour une fois, les Leafs ne me décevront pas. Bon, je te laisse. Il faut que j'aille promener ma face de carême dans le vestiaire.

L'homme d'affaires pose le téléphone. Il prend la télécommande et allume le téléviseur. Deux commentateurs, micro en main, parlent rapidement.

«... et c'est ce troisième but, que John Flemming, plutôt faible, a laissé passer à la dernière période, qui semble avoir démoralisé les Leafs. Jusque-là, ils se tiraient assez bien d'affaire...»

Tremayne éteint. Il prend une serviette et y range quelques papiers. Il regarde vers la gauche, hésite une seconde et, d'un air pensif, ramasse la serviette et se dirige vers la porte. Sa main touche le commutateur et le bureau redevient noir. Il ferme la porte à clé et, de nouveau, ses pas résonnent dans l'obscurité.

Silence total dans la pièce. Une minute plus tard, la porte dérobée du bureau s'ouvre. Yannik s'avance en contenant à peine son agitation.

— Vite, sors le calepin du sac, Roxanne. Écris le nom CANBUS.

Sa sœur obéit.

— Mais qu'est-ce que ça veut dire cette histoire de corporation ?

— Peut-être une société bidon pour légitimer des transferts de fonds, suggère Yannik. Il nous faut aussi le numéro que Tremayne a signalé. Note les chiffres que je vais te dicter.

Yannik prend le récepteur du téléphone sans fil et appuie sur la touche de recomposition. Les numéros défilent à toute allure sur le dispositif d'affichage.

— Quatre... un... six... trois... huit... huit... neuf... six... zéro... trois, lit Yannik.

Il coupe la communication avant de déclencher la sonnerie à l'autre bout.

— Maintenant, nous avons de quoi nous mettre sous la dent, proclame Roxanne à voix basse. Grouille-toi, on doit déguerpir d'ici.

Juste au moment où ils vont partir, ils entendent d'autres pas et des halètements.

— Des chiens ! s'exclame Yannik.

— Vite, la sortie de secours, commande Roxanne en s'élançant vers la petite porte.

Ils ont tout juste le temps de refermer derrière eux. La porte principale s'ouvre et deux dobermans surgissent dans la pièce. Les bêtes se précipitent vers l'issue dérobée qu'ils grattent de leurs pattes tout en aboyant avec furie. Revolver au poing, Charles

Tremayne allume la lumière et se rapproche.

— Je sais qu'il y a quelqu'un, dit-il. J'ai remarqué que la porte n'était pas verrouillée tout à l'heure. Je suis armé et les chiens sont bien entraînés. Si vous sortez, les mains sur la tête, je les retiendrai. Sinon, je vais leur ouvrir et vous aurez affaire à eux.

On n'entend plus que le grognement des dobermans qui s'excitent face à leur proie. Tremayne s'avance lentement. D'un geste brusque, il place sa main sur la poignée et tire. « Verrouillée de l'autre côté », constate-t-il. De son trousseau de clés, il en choisit une et l'enfonce dans la serrure. Un déclic se fait entendre et il ouvre la porte graduellement. Dès que le passage est assez grand, les chiens s'y engouffrent à la poursuite des intrus. Tremayne entend le jappement des bêtes qui s'éloignent dans l'étroit corridor. « Bon, conclut le P.D.G., le malfaiteur a décidé de fuir. Pas besoin de se presser. Je sais où il va, si les chiens ne le rattrapent pas avant. »

17 LE PARI DE CHARLES TREMAYNE

Christine a de la difficulté à se frayer un chemin à travers la foule qui quitte avec morosité le Maple Leaf Gardens. On dirait que la déception des spectateurs leur a mis du plomb dans les pieds. L'adolescente s'impatiente à maintes reprises en essayant de remonter à contre-courant le flot des gens qui avancent à une allure d'escargot.

Lorsqu'elle parvient à la section des sièges bleus où elle compte trouver les Mongenais, elle découvre une rangée vide.

«Où sont-ils passés?» se demande-t-elle en se laissant tomber sur un siège. Les gradins continuent à se vider tandis que Christine se fait du mauvais sang. Elle décide de leur accorder une quinzaine de minutes.

Une fois ce laps de temps écoulé, elle part à la recherche des Mongenais. «Peut-être se sont-ils égarés en revenant du bureau, ou peut-être que...» Mais elle n'ose pas aller au bout de sa pensée. Elle se concentre uniquement sur le fait qu'elle doit récupérer la clé qu'elle a prise au concierge.

Avec mille précautions, elle avance le long du dédale de corridors en suivant la route empruntée deux heures auparavant. Elle ne rencontre personne sur son passage. Son inquiétude augmente de minute en minute.

Devant le bureau de son père, elle redouble de prudence. Il n'y a pas de lumière. La porte est toujours fermée à clé. Son père doit donc déjà être parti. Elle s'adosse contre le mur et prend quelques bonnes respirations.

Deux scénarios se bousculent dans sa tête. *Primo,* si ses amis se sont fait prendre, elle en entendra parler assez vite et elle devra tout avouer. *Secundo,* pour éviter leur capture, ils ont peut-être été obligés de fuir et donc de rater leur rendez-vous. Dans ce cas, ils doivent sans doute chercher un moyen de la prévenir.

D'une façon ou d'une autre, il lui faut trouver une solution pour la clé. Le concierge David Belcourt finira bien par remarquer sa disparition. Ou bien les Mongenais communiqueront avec elle, ou bien son père lui demandera d'éclaircir son rôle dans cette affaire. Mieux vaut rentrer chez elle pour attendre la suite des événements, qu'ils soient heureux ou non.

○

Yannik et Roxanne dégringolent aussi vite qu'ils le peuvent les marches étroites. L'éclairage limité de leurs lampes de poche ne leur facilite pas la tâche. Les aboiements des chiens féroces retentissent à l'autre bout du corridor. Ils se sont mis à courir dès qu'ils ont tiré le verrou de la porte derrière eux, ce qui leur a donné une mince avance. Mais les dobermans lancés à leurs trousses ne tarderont pas à les rattraper.

À deux reprises, ils passent devant des portes mais elles refusent de s'ouvrir. Les jappements des chiens se rapprochent. Apeurés, les deux jeunes dévalent les escaliers de plus en plus vite. À l'étage, ils s'engouffrent dans un long corridor. Les aboiements leur cassent les oreilles. Les bêtes ne doivent plus être loin derrière eux. Encore une vingtaine de mètres et ils arrivent devant une autre porte, en fer celle-là. Désespéré, Yannik trouve la poignée et, miraculeusement, la porte s'ouvre. Ils ont tout juste le temps de passer de l'autre côté et de claquer la porte au nez du premier doberman.

— Ouf ! soupire Yannik. On a peut-être gagné quelques minutes. J'espère qu'il y a un moyen pour sortir d'ici.

De l'autre côté du battant, les chiens frustrés grattent et grognent rageusement. Roxanne promène la lumière de sa lampe de poche dans la pièce. Ils se trouvent dans une longue salle étroite, encombrée de tuyaux et de machines bruyantes, enfermées dans des garnitures métalliques. La jeune fille s'avance lentement jusqu'au fond de la pièce. Elle a beau étudier chaque détail, il n'y a pas d'issue.

— On est cuits ! déclare-t-elle au bout d'une minute.

Yannik se passe le bras sur le front pour y essuyer la sueur.

— Je crois que monsieur Tremayne savait où nous allions aboutir. Il va sûrement faire venir des agents de sécurité ou la police, suppose Yannik. Le mieux pour nous, c'est de refuser de parler en présence de Tremayne et de faire notre déposition directement à la police.

Roxanne approuve d'un hochement de tête. Elle élève la voix pour se faire entendre par-dessus le tumulte des machines.

— Je pense aussi que, pour le moment, nous devrions éviter d'impliquer Christine, ajoute-t-elle. J'aimerais bien comprendre le sens de ce qu'on a entendu…

Mais elle s'arrête net, car une voix dans le couloir vient de lancer des ordres aux chiens qui se calment immédiatement. Tout à coup, ils entendent le claquement d'un verrou tiré et une lumière s'allume dans la pièce. La visage de Charles Tremayne apparaît dans la minuscule fenêtre de la porte.

— Ah bon ! Vous êtes deux et j'ai l'impression de vous reconnaître.

Yannik se place devant le panneau vitré.

— Nous sommes Yannik et Roxanne Mongenais. Vous nous avez déjà vus dans le vestiaire des Leafs avec notre père, Jean-Pierre Mongenais, qui est journaliste à Radio-Canada.

Tremayne digère cette information pendant quelques secondes avant de revenir à la charge.

— Alors là, vous allez m'expliquer ce que vous êtes venus faire dans mon bureau et comment vous y êtes entrés.

Après un long silence, Roxanne se lève et prend place aux côtés de son frère.

— Nous ne parlerons qu'en présence de la police, monsieur Tremayne.

Sa réponse semble décontenancer Tremayne qui se perd de nouveau dans ses pensées. Rien n'a été déplacé dans son bureau. La porte n'a pas été forcée. Cela ne ressemble ni à un vol ni à du vandalisme. « Ils ont dû obtenir l'aide de quelqu'un au sein du personnel. Mais qui ? Et pour quoi faire ? »

Tremayne serre nerveusement le revolver qu'il a encore à la main. « Ils ont dû entendre tout ce que j'ai dit au téléphone, constate-t-il. Je cours un grand risque si je les remets aux autorités. »

— On n'a peut-être pas besoin de la police. Enfin, pas tout de suite, reprend Tremayne. Si vous ne voulez pas me dévoiler à quel jeu vous jouez, je peux vous accorder un peu de temps de réflexion. Vous vous trouvez dans l'ancienne salle des compresseurs du Gardens. Une fois le verrou tiré, que ça soit de l'intérieur ou de l'extérieur, il faut une clé pour l'ouvrir. J'imagine que ce serait très désagréable pour vous d'y passer quarante-huit heures. Comme je dois partir pour Philadelphie très tôt demain matin, je ne vous découvrirai qu'à mon retour mardi prochain.

Les yeux de Yannik roulent dans leur orbite. Les événements prennent une drôle de tournure.

— C'est de la séquestration, ça !

— C'est vous qui le dites ! Ce sera votre parole contre la mienne. Je pourrai dire que vous vous êtes égarés dans cette salle en essayant d'éviter de vous faire prendre dans mon bureau. D'ailleurs, si à mon retour vous ne vous décidez pas à parler, peut-être que je laisserai les chiens vous poser les questions. Donc, on se reverra mardi !

Sur ce, Charles Tremayne tourne les talons. Il reste sourd aux appels de Yannik et de Roxanne qui comprennent qu'ils vont passer un mauvais moment. Frustrés, les deux prisonniers s'assoient sur le sol.

— Nous voilà dans de beaux draps ! se plaint Roxanne. Qu'est-ce qui peut pousser monsieur Tremayne à agir ainsi ?

Yannik réfléchit un moment.

— Il doit croire qu'on en connaît assez long pour lui faire un tort considérable.

— Mais qu'est-ce qu'on sait au juste ?

— Par Christine, réfléchit tout haut Yannik, nous savons que Tremayne est à l'origine du coup monté contre Sylvie Paiement. Par la suite, nous avons appris qu'il semble heureux de voir son équipe perdre. Et, enfin, qu'il a un associé qui détient une fausse corporation capable de facturer l'organisation des Maple Leafs pour des sommes importantes, reversées dans un compte secret. Ça sent la fraude.

Roxanne retire le calepin du sac à dos et s'en sert pour s'éventer.

— Oui, mais il y a plus encore. Si j'étais le propriétaire d'une équipe de hockey parvenue à la finale de la coupe Stanley, je souhaiterais que mon équipe perde la série si...?

— La question est bonne, avoue Yannik, et la réponse pas du tout évidente. Essayons quand même...

— Si j'avais autant de parts dans l'équipe rivale ? avance Roxanne.

Yannik fait non de la tête et propose une autre hypothèse :

— Si quelqu'un me payait pour que mon équipe perde ?

— Là, tu as peut-être quelque chose, reconnaît Roxanne. Peu importe que l'équipe gagne ou perde, les retombées économiques pour les deux clubs sont à peu près les mêmes. Les joueurs gagnants encaissent quelques milliers de dollars en prime, mais, à part ça et la vente de quelques souvenirs, c'est tout...

— Alors pourquoi quelqu'un paierait-il le propriétaire de l'équipe pour que son équipe perde ?

Yannik se lève et se met à examiner les nombreux tuyaux dans la salle comme s'il espérait y trouver une réponse. Au bout de quelques minutes, c'est Roxanne qui fournit la clé de la solution.

— Si j'avais misé une grosse somme contre ma propre équipe, je voudrais qu'elle perde mais je ne pourrais le dire à personne.

Yannik regarde sa sœur avec euphorie.

— Oui, je pense que tu l'as ! s'écrie-t-il. Tremayne a fait le pari de sa vie contre les Leafs. Pour parier des sommes qui rapportent gros, il faut avoir recours à un réseau de parieurs illégal et clandestin. Après la partie de lundi soir, il s'attend à encaisser le gros lot.

Contre toute logique, Yannik s'acharne sur la porte et essaie de l'ouvrir. Roxanne ne peut s'empêcher de commenter leur situation sur un ton ironique.

— C'est bien beau tout ça ! Mais nous voilà enfermés dans ce trou à rats sans rien à boire ni à manger. Le bruit infernal de ces machines va me rendre folle. À quoi cela nous sert-il d'avoir trouvé la solution si nous ne pouvons pas avertir la police?

Yannik s'assoit à côté de sa sœur. Il avale ce qu'il lui reste de salive.

— Je ne sais pas combien de temps nous allons passer ici.

— Ça dépendra de qui viendra nous libérer en premier: le père ou la fille, lâche Roxanne résignée.

18 LE DILEMME DE SYLVIE PAIEMENT

Christine a passé une nuit tourmentée. Aucun message des Mongenais en rentrant chez elle. Elle ne savait plus quoi penser. Elle s'était donc couchée, résignée à se morfondre jusqu'au lendemain. Troublée par tant de questions sans réponses, son sommeil avait été agité.

Levée de bonne heure, elle se renseigne auprès de la bonne.

— Monsieur Tremayne ? Oui, il est rentré hier soir mais il est parti tôt ce matin pour l'aéroport.

Un peu soulagée, Christine remonte s'habiller. « Au moins, je suis sûre que les Mongenais ne se sont pas fait prendre, sinon mon père m'aurait demandé des comptes. »

Elle songe à appeler chez ses deux complices, puis se ravise. À neuf heures, toujours sans nouvelles et à bout de patience, elle téléphone chez les Mongenais. C'est Aimée Grandbois qui répond. Quand Christine demande à parler aux deux jeunes ados, elle est tout étonnée d'apprendre qu'ils ne sont pas là. Aimée insiste pour savoir qui parle.

— C'est Christine Tremayne.

La voix d'Aimée s'anime à l'autre bout du fil.

— C'est toi qui leur as donné les billets pour la partie d'hier soir ? Les as-tu vus au cours de la soirée ? Ils ne sont pas rentrés après le match et, depuis, ils n'ont donné aucun signe de vie. Je suis folle d'inquiétude.

Christine ravale sa salive. Il est évident que l'affaire a mal tourné.

— Quand les as-tu vus pour la dernière fois, Christine ?

Celle-ci hésite avant de répondre.

— Euh... vers neuf heures hier soir. Je... je m'attendais à les revoir à la fin du match, mais ils étaient déjà partis...

— Nous avons déjà prévenu la police. Elle va sûrement vouloir te parler. Donne-moi un numéro où l'on peut te joindre facilement.

Christine lui donne le numéro de son téléphone cellulaire. « Il faut que j'aille au Gardens », se dit-elle en appelant un taxi.

Une demi-heure plus tard, en pénétrant dans l'édifice vide, elle évite de justesse un policier qui s'entretient avec un membre du personnel. « Une seule personne peut m'aider maintenant. Pourvu qu'il soit là. » D'un pas résolu, Christine fonce vers un local perdu au bout d'un des nombreux corridors de l'édifice.

Sans frapper, elle pénètre dans une salle remplie de balais, de chariots et d'outils divers. Assis devant un établi, David Belcourt, le concierge, sirote un café tranquillement.

— En voilà une surprise ! s'exclame le concierge en voyant la fille du propriétaire. Je n'ai pas souvent de la grande visite comme ça.

Il se lève et offre une chaise à Christine.

— Une mauvaise partie hier soir, hein ? lance le concierge. Ce matin j'aurais pu te dire que les Leafs avaient perdu sans même avoir vu le jeu. Juste par la quantité de cochonneries que les gens ont laissé traîner.

C'est toujours beaucoup plus sale après une défaite comme celle d'hier soir.

Christine écoute le concierge en croisant et décroisant nerveusement les jambes. Elle essaie de donner un ton nonchalant à sa voix.

— Tu n'aurais pas entendu parler d'un incident qui se serait passé dans le bureau de mon père hier soir?

David Belcourt dévisage la jeune fille avec attention.

— Tu parles d'une drôle de question! Cela n'aurait-il pas un rapport avec le fait que la police recherche les deux enfants du journaliste Jean-Pierre Mongenais? Ou encore avec le fait qu'une de mes clés, celle du bureau de ton père justement, a disparu de mon trousseau?

Christine supplie des yeux le concierge et laisse échapper un sanglot.

— David, je ne sais plus quoi faire!

— Commence par tout me raconter, lui propose-t-il d'une voix rassurante.

Ainsi, Christine décide de se confier au concierge. Elle lui dévoile ses soupçons concernant le rôle de son père dans l'affaire montée de toutes pièces contre Sylvie Paiement. Elle avoue avoir fait appel aux jumeaux Mongenais et pris la clé du bureau de son père.

— Il faut que je trouve les Mongenais et que je leur parle avant la police.

David Belcourt réconforte Christine.

— Alors, tu penses que tes amis se sont fait prendre dans le bureau de ton père ?

— Oui, mais, dans ce cas, pourquoi mon père ne les a-t-il pas livrés à la police ?

L'homme demeure pensif pendant un long moment avant d'avancer une hypothèse.

— À moins qu'ils aient réussi à s'échapper pour ensuite se faire piéger.

Le regard étonné de Christine montre bien qu'elle ne suit pas du tout la pensée du concierge. Celui-ci s'empresse alors de lui expliquer :

— Tu as sûrement déjà remarqué qu'il y a une porte dans le bureau de ton père. Cette porte mène à d'autres locaux auxquels on peut accéder si on a les clés qu'il faut. En fait, c'est le vieux Harry Ball qui avait fait construire ce passage. Il s'en servait quand il voulait éviter les importuns qui l'attendaient devant son bureau. Il pouvait ainsi s'échapper et surprendre tout le monde en surgissant à l'improviste dans un autre endroit. Ton père fait la même chose. Ce passage mène à la plus ancienne section de l'édifice, construite en 1931. Il n'y a que les vieux de la vieille comme moi qui savent ça.

— Et vous pensez que mes amis auraient pu s'échapper par là ? demande Christine d'une voix pleine d'espoir. Mais pourquoi ne sont-ils pas rentrés chez eux hier soir ? Pourquoi n'ont-ils pas donné signe de vie ?

Le concierge se gratte la tête.

— Une fois dans le couloir, si on n'a pas les bonnes clés, il n'y a plus moyen d'en sortir. Alors, peut-être qu'ils y sont encore.

— Allons voir de ce côté-là ! déclare Christine en se levant.

Mais David Belcourt semble hésiter devant la décision à prendre.

— Auparavant, il vaudrait mieux dire à la police tout ce que tu sais, Christine.

La jeune fille repousse cette idée.

— Je préférerais vérifier s'ils sont là d'abord. Mais je te jure qu'après j'irai tout raconter à la police.

Le concierge réfléchit un instant, puis il se tourne vers son établi et empoigne un trousseau de clés.

— Tu as raison ! Si les Mongenais sont prisonniers dans le couloir, il faut les sortir de là au plus vite. Ça fait longtemps qu'elles n'ont pas servi, celles-là, dit-il en fixant le trousseau de clés à sa ceinture. Heureusement que j'ai un passe-partout qui fonctionne dans la serrure du bureau de ton père.

Rassurée par l'attitude compréhensive du concierge, Christine lui emboîte le pas. Ils montent à l'étage supérieur, jusqu'au bureau du P.D.G. Le concierge insère le passe dans la serrure et ils pénètrent dans la pièce vide.

— Rien n'a été déplacé ici, note Belcourt tandis qu'il franchit en quelques enjambées l'espace qui le sépare de la porte du fond. Il essaie deux ou trois clés avant de trouver la bonne.

— Ça sent le chien ici, dit-il en s'engageant dans le corridor.

Il allume la lumière. Derrière lui, Christine examine les escaliers qui descendent vers l'inconnu. Ils passent devant une première porte.

— Si je me souviens bien, celle-ci mène au salon-bar Hot Stove, précise David Belcourt.

Leur descente dure dix bonnes minutes avant d'atteindre la dernière marche.

— Nous n'en avons plus pour très longtemps. Ce corridor aboutit à la salle des anciens compresseurs. La tuyauterie passe encore par là.

Devant la porte en fer, David remarque que le verrou est tiré. Tout à coup, Christine s'écrie :

— J'entends quelque chose !

David tend l'oreille et discerne un faible tintement.

— Ça vient de là-dedans, note David en fouillant dans son trousseau de clés.

Au bout de cinq minutes, il trouve enfin la bonne clé et ouvre la porte. Il repère le commutateur et allume. Le concierge et la jeune femme n'en croient pas leurs yeux. Couchée sur le sol, Roxanne Mongenais tape contre un tuyau avec sa lampe de poche. Juste à côté d'elle, son frère écarquille les yeux, aveuglé par la lumière.

— Christine ! s'écrie Yannik.

— Que je suis contente de vous retrouver. Il a fallu que je dise tout à David. C'est grâce à lui qu'on est là. Est-ce que vous vous sentez bien ?

— Une fois qu'on aura bu et mangé un peu, ça ira, dit Roxanne. Mais il faut qu'on sorte d'ici au plus vite. Ce bruit m'a rendue presque sourde.

— On peut regagner le hall d'entrée du Gardens en passant par la première porte à gauche, précise le concierge. C'est beaucoup plus rapide que de remonter au bureau de monsieur Tremayne.

Tout en s'éloignant de la salle des compresseurs, Roxanne s'agite :

— Christine, il faut qu'on t'explique ce qu'on a découvert...

○

— Maintenant, il ne nous reste que deux possibilités, déclare sentencieusement l'inspecteur Gauvin de la police métropolitaine de Toronto.

Son regard embrasse tous les gens présents dans la pièce. Il n'a pas l'habitude de recevoir autant de personnes à la fois dans son bureau. Certains sont assis, d'autres debout. Il y a, bien sûr, les jumeaux Mongenais. Après s'être restaurés, ils ont pu présenter, avec l'aide de Christine, le récit de ce qui leur était arrivé quand Charles Tremayne avait décelé leur présence dans son bureau. La police avait maintenant en main les deux éléments obtenus par les Mongenais : le numéro de téléphone de l'associé de Tremayne et le nom de la fausse compagnie.

Christine avait également raconté la conversation de son père qu'elle avait surprise. Jean-Pierre Mongenais et Aimée Grandbois avaient tout écouté. Remis des fortes émotions provoquées par la disparition de leurs enfants, ils découvrent avec stupeur la sale affaire dans laquelle Charles Tremayne est mouillé à fond.

Sylvie Paiement est là aussi. Elle a écouté toutes les explications avec un soulagement évident, teinté d'une espèce de dégoût pour ceux qui ont voulu l'empêcher de prendre sa place devant le filet des Maple Leafs.

— Je répète, deux possibilités, reprend l'inspecteur Gauvin. Avec les renseignements que nous possédons, nous pouvons interroger John Flemming et sans doute lui soutirer un aveu. Nous pourrons aussi probablement démasquer le complice de monsieur Tremayne et mettre au jour le détournement de fonds qu'ils ont manigancé ensemble.

— Et je pourrai réintégrer l'équipe à temps pour la partie de demain soir ? demande Sylvie Paiement d'une voix pleine d'angoisse et d'espoir.

— Sans doute, répond l'inspecteur. Je ne vois pas pourquoi la haute administration des Maple Leafs, une fois qu'elle sera mise au courant des allégations contre le P.D.G., maintiendrait votre suspension.

L'inspecteur fixe Sylvie avec intensité et reprend d'un ton plus sérieux encore :

— Mais il y a une deuxième possibilité que nous devons envisager. Les Mongenais ont raison de croire que Tremayne participe, sous le couvert de son associé, à un réseau de *gambling* illégal. Cela fait un certain temps que nous essayons d'infiltrer ce réseau. Nous croyons qu'il couvre l'ensemble du continent américain et empoche des millions de dollars. Je vous avoue que ce tuyau concernant monsieur Tremayne représente notre première piste solide. Si nous l'arrêtons avec son associé avant qu'ils touchent au butin, il est à peu près sûr que le réseau aura le temps de faire disparaître tous les liens existant entre les individus impliqués. Ainsi nous ne serons pas plus avancés dans notre enquête.

— En somme, inspecteur, résume Jean-Pierre, vous voulez nous demander de faire comme si Yannik et Roxanne étaient encore enfermés au fond du Maple Leaf Gardens?

— Exact, répond le policier. Tremayne et compagnie croient que les jumeaux sont toujours «sur la glace». Cela nous donne une longueur d'avance. Nous pourrons mettre en place un important dispositif de surveillance, ici et aux États-Unis. Dès que Tremayne et son associé entreront en contact avec le réseau, nous pourrons agir rapidement et coffrer tous les participants.

— Mais cela veut dire que je ne pourrai pas jouer?

La voix de Sylvie Paiement vibre d'émotion et de tristesse, car elle craint de voir son nouvel espoir s'envoler.

— En effet, c'est ça, madame Paiement. Je sais que ce n'est pas tous les jours qu'une jeune recrue comme vous a la chance de jouer dans la finale de la coupe Stanley et que c'est beaucoup exiger de vous. Évidemment, je ne peux pas vous obliger à le faire. C'est à vous de décider.

On n'entend plus rien dans le bureau étroit et tous les yeux se tournent vers Sylvie Paiement qui, perdue dans sa réflexion, essaie de prendre la décision la plus difficile de sa vie.

19 LA FIN DE LA SÉRIE

Un tir du poignet décoché depuis l'embouchure du filet rencontre le gant du gardien de but des Leafs. Le jeu s'arrête. Vingt mille voix dans l'amphithéâtre de Philadelphie crient leur profonde déception. Fouettés dans leur orgueil, les Leafs se débattent avec l'énergie du désespoir. S'ils perdent ce soir, c'est la fin de leur rêve et de celui de leurs supporteurs.

Les Flyers sentent que la coupe Stanley est à portée de main. Encouragés par trois victoires consécutives, ils ont bel et bien l'intention d'en finir ce soir. Et ce ne sera pas le gardien de but des Maple Leafs qui les en empêchera.

La partie reprend. L'attaque des Flyers, avec toute son intensité, aussi. Les Leafs ne peuvent pas se contenter de demeurer sur la défensive, car, en ce début de troisième période, leurs adversaires mènent quatre buts à deux. Pourtant, malgré tous les efforts déployés, les Flyers sont plus souvent qu'autrement dans leur zone.

Un ailier de l'équipe rivale réussit à s'emparer du disque derrière le filet et fait une passe devant le but. La rondelle frappe la hampe du bâton du gardien et rebondit. La réaction arrive trop tard : les Flyers viennent encore de marquer.

La foule se lève comme un seul homme pour applaudir le but. Accroupi à côté du but des Maple Leafs, John Flemming se lève et indique à l'arbitre qu'il doit changer de bâton. Il retire son masque et se rend au banc des Leafs. Un silence glacial l'accueille. Le gardien lit un reproche muet sur les visages mornes de ses camarades. « Ils ne me pardonneront jamais ce but-là », pense-t-il. Il accepte un nouveau bâton du préposé et, juste au moment où il se retourne pour reprendre sa place, une voix de femme lui lance un encouragement :

— Ce n'est pas grave, John. Tu n'as pas eu de chance. Lâche pas !

John Flemming demeure interloqué. Vêtue d'un ensemble bleu, Sylvie Paiement est assise à côté du banc des Leafs. Personne n'a pû l'empêcher de se rendre à Philadelphie pour partager le sort de son équipe. John se rend compte qu'elle est sincère. « S'il y a en a une qui devrait me faire des reproches, c'est bien elle ! » constate-t-il en reprenant le chemin du but.

Le jeu reprend, mais plus personne ne se fait d'illusions : la partie est finie. Forts de leur avance, les Flyers opposent un jeu défensif aux Leafs qui ne parviennent pas à relancer l'attaque. Ils réussissent quand même quelques lancers, mais rien de plus.

«... six... cinq... quatre... trois... deux... un!»

Le bruit assourdissant des cris de joie de la foule fait vibrer le centre sportif. Du côté des Maple Leafs, c'est la gravité de la défaite ; du côté des Flyers, la légèreté de la victoire. Les perdants félicitent les gagnants, et la cérémonie de remise de la coupe Stanley s'ensuit.

De son siège, derrière le banc de son équipe, Charles Tremayne surveille la scène sans trahir la moindre émotion. « Je vais être un bon perdant parce qu'en vérité je suis un grand gagnant, ironise-t-il en gardant une mine sombre et sérieuse. Si Van Hout a bien fait son travail, je pourrai dire que cette saison aura été la meilleure de ma carrière. »

Sur le chemin du vestiaire, le P.D.G. est assailli par quelques journalistes.

— Qu'est-ce que vous faites là ? leur lance Tremayne. Vous devriez être avec les vainqueurs.

Mais le reporteur du *Toronto Star* ignore sa remarque.

— Regrettez-vous votre décision concernant Sylvie Paiement, monsieur Tremayne ?

— J'ai fait ce que les circonstances m'ont dicté de faire. Je sais que Sylvie Paiement le comprend et, qu'une fois ses démêlés avec la justice réglés, elle pourra poursuivre sa carrière avec les Maple Leafs ou avec une autre équipe.

Les journalistes sont ébranlés. L'un d'eux tire la seule conclusion logique de cette déclaration.

— Donc, Sylvie Paiement ne sera peut-être pas de retour avec les Leafs, la saison prochaine ?

— Les gars, il est un peu trop tôt pour parler de ça. Vous allez m'excuser maintenant, je me dois me rendre à notre vestiaire.

«Il faut toujours les laisser sur leur faim et leur donner assez de munitions pour alimenter les rumeurs», se félicite Tremayne en quittant les journalistes étonnés.

○

— Vous ne semblez pas vous porter trop mal pour un propriétaire d'équipe qui vient de rater la coupe Stanley de si peu.

La remarque quelque peu acerbe de la relationniste Natasha Dillan ne trouble aucunement le P.D.G. des Maple Leafs. Celui-ci prend une autre gorgée de scotch tout en regardant les nuages par le hublot de l'avion.

— C'est que j'en ai l'habitude, Natasha. Quand tu auras passé autant de saisons que moi avec les Leafs, tu prendras les choses avec philosophie.

Le voyage de retour se déroule dans une atmosphère lugubre, car cette défaite amère a sapé le moral des troupes.

— Je ne sais pas qui va vouloir donner une entrevue, se plaint Natasha. Personne dans l'équipe n'a le cœur à commenter la partie. D'ailleurs, ajoute-t-elle à voix basse, je ne sais pas si j'oserai laisser qui que ce soit de ce groupe-là avec un journaliste. Je ne sais pas ce qu'il pourrait aller raconter.

Tremayne avale une autre gorgée et rit.

— N'oublie pas, chère Natasha, que la mauvaise publicité, ça n'existe pas. Peu importe si les journaux parlent de nous en bien ou en mal, l'important c'est qu'ils continuent à parler de nous.

Natasha soupire. « Tremayne est vraiment le cauchemar d'une relationniste », constate-t-elle pour la millième fois. Courageusement, elle revient à la charge :

— Dans ce cas, pourquoi ne pas donner à Sylvie Paiement la chance de se défendre. La presse n'attend que ça et Sylvie veut…

— Non !

Le ton du P.D.G. se durcit en interrompant l'envolée de Natasha.

— Il n'est pas question qu'elle parle à la presse tant que son procès n'aura pas été entendu.

Natasha connaît assez bien son patron pour ne pas insister. Elle sait que son emploi au sein de l'organisation des Maple Leafs demeure précaire. Elle a été embauchée malgré les objections de Tremayne qui ne voulait pas d'une femme comme relationniste dans son club de hockey. Grâce à son excellent travail, elle a pu conserver sa situation, même si elle sait que, dès qu'elle lui en fournira le prétexte, Tremayne demandera au conseil d'administration des Maple Leafs de la congédier.

La voix de l'agent de bord vient alléger le silence :

« Mesdames et messieurs, nous allons amorcer notre descente vers l'aéroport international Pearson de Toronto. Veuillez attacher vos ceintures… »

Une quinzaine de minutes plus tard, les passagers aperçoivent les nombreux édifices et les autoroutes qui forment l'agglomération urbaine de Toronto. Au loin, le lac Ontario scintille.

Après l'atterrissage, les passagers se lèvent et quittent l'appareil. En déambulant dans le dédale de corridors qui mène aux comptoirs des douanes, Tremayne demande à Natasha :

— Combien veux-tu parier qu'il y aura au moins une cinquantaine de partisans des Leafs pour nous accueillir ?

— Si j'étais du genre à parier, monsieur Tremayne, je le ferais, répond Natasha. J'espère seulement que les journalistes ne seront pas trop nombreux.

Les formalités au comptoir des douanes sont vite expédiées. Tremayne franchit les portes coulissantes qui donnent sur la salle d'attente où il distingue un groupe d'environ soixante-dix supporteurs. Certains portent des pancartes avec des messages d'encouragement pour l'équipe vaincue. Ils se mettent à applaudir en voyant les premiers joueurs traverser les portes.

« C'est encore mieux que ce que j'anticipais », constate Tremayne en s'avançant.

Mais à peine a-t-il parcouru quelques pas qu'une brèche s'ouvre dans le groupe de supporteurs. Il aperçoit Yannik, Roxanne et Jean-Pierre Mongenais, accompagnés de sa fille qui sanglote. Il s'arrête brusquement et laisse échapper un juron. Tout à coup, une voix l'interpelle à sa droite.

— Monsieur Tremayne, je suis l'inspecteur Gauvin. Voici l'inspecteur Donavan.

Encadrant rapidement Tremayne, les deux hommes lui présentent leurs pièces d'identité.

— Nous avons reçu l'ordre de vous arrêter pour séquestration, détournement de fonds et pratiques illégales du jeu, déclare Gauvin en prenant le bras droit de Tremayne. Si vous acceptez de nous suivre sans faire d'histoires, nous ne vous passerons pas les menottes. Une voiture nous attend. Vous pourrez appeler votre avocat dès que nous serons arrivés à nos bureaux au centre-ville.

Tremayne a le teint livide. Il se laisse conduire par les deux policiers. Devant les flashs des appareils photo et les lumières des caméras de télévision, il baisse la tête.

— Voilà le cirque médiatique qui commence, déclare Jean-Pierre en regardant les deux inspecteurs et leur prisonnier se frayer un passage jusqu'aux portes extérieures de l'aéroport. Il va falloir que je me rende aux locaux de la police pour recueillir les déclarations officielles, ajoute-t-il à l'intention des jumeaux.

Christine tire un mouchoir de son sac à main et se mouche.

— Voulez-vous rentrer avec moi? demande-t-elle à Yannik et Roxanne d'une petite voix. Le chauffeur m'attend. Je n'ai pas très envie de rester seule en ce moment.

Jean-Pierre fait un léger signe de la tête aux jumeaux et ceux-ci accompagnent Christine vers le stationnement.

« Bon, je vais passer un coup de fil au bureau, décide Jean-Pierre. Au moins j'aurai une vraie bombe à annoncer sur les ondes cet après-midi. »

○

Après le trajet en Mercedes, les deux Mongenais ont de la difficulté à contenir leur émerveillement. La demeure de Christine est somptueuse ; ils n'ont jamais rien vu de comparable. Christine les invite à entrer dans l'immense hall, puis à passer dans un salon encore plus grand où ils s'assoient dans des fauteuils en cuir.

La jeune fille prend la télécommande sur la table à café. La voix de Céline Dion envahit la pièce.

— J'imagine que tout ceci est très dur pour toi, dit Roxanne avec compassion.

Les dernières vingt-quatre heures ont été très agitées. L'arrestation de Charles Tremayne n'a été que l'un des épisodes marquants accomplis par la police. L'élément de surprise et un formidable dispositif policier mobilisé pour l'occasion ont permis aux forces de l'ordre de remonter la filière du réseau de paris illicites auquel Tremayne était lié. Les arrestations se sont effectuées à une telle vitesse qu'il a été possible d'obtenir des aveux et des informations à divers maillons de la chaîne avant que les coupables ne se dispersent. En apprenant qu'ils s'étaient fait rouler par Charles Tremayne, les grosses légumes ont préféré sacrifier le réseau plutôt que de payer l'escroc. Ainsi la police a-t-elle réussi à démasquer tout un réseau qui exploitait autant les petits parieurs que les grands. Elle a également pu coffrer l'associé de Tremayne, Paul Van

Hout, directeur de la société CANBUS qu'elle a perquisitionnée.

Interrogé par la police, John Flemming a fini par avouer sa responsabilité dans l'histoire de la drogue glissée dans les bagages de Sylvie Paiement. Il a aussi annoncé son intention de se retirer du hockey professionnel.

Christine se lève et dévisage ses interlocuteurs.

— Oui. La police est même venue ici fouiller le bureau de mon père ce matin. Ce qu'ils ont trouvé n'est pas très encourageant. Je ne soupçonnais pas mon père d'être si près de la faillite.

Acculé aux pertes qu'essuyait l'organisation des Maple Leafs depuis plusieurs saisons, le P.D.G. s'était tourné vers une autre source de financement. À la suite de leurs diverses perquisitions, les policiers avaient découvert que l'accusé avait détourné plus d'un million de dollars des Maple Leafs dans une corporation fictive. L'argent ainsi perçu servait à financer des paris de plus en plus exorbitants. Au fil des années, Tremayne avait perdu plus souvent qu'il n'avait gagné et ces pertes l'avaient poussé à jouer son va-tout.

— Qu'est-ce que tu comptes faire? demande Yannik.

— Pour l'instant... pas grand-chose. Je ne sais pas si je pourrai retourner à mon école privée... Mais je serai présente aux côtés de mon père. J'espère qu'il comprendra que je l'aime, même si j'ai contribué à son arrestation.

— Oui, ce n'est pas la fin du monde. Ton père va probablement s'en tirer avec quelques années d'emprisonnement seulement.

— Et si vous perdez tout ceci, ajoute Roxanne, en indiquant la pièce luxueuse, qu'allez-vous faire?

— Pour ça, je ne m'inquiète pas, déclare Christine. Je suis sûr qu'on se tirera d'affaire, même si nous devions vivre plus modestement.

Un long silence s'installe.

— Je suppose que toute cette histoire va te laisser un goût amer face au monde du hockey, ajoute Yannik.

Christine réfléchit un moment.

— Non, ce n'est pas le hockey qui a transformé mon père, c'est l'argent. À cause de l'endettement et du désespoir, il s'est laissé mener par l'argent, au point de sacrifier son équipe pour tenter de sauver son entreprise.

Tout à coup, une domestique arrive avec un téléphone sans fil à la main. Elle le tend vers Christine en chuchotant:

— C'est votre père!

Christine lui arrache l'appareil. Les Mongenais l'observent tandis qu'elle écoute intensément la voix à l'autre bout du fil. Elle semble bouleversée. Au bout d'une minute, elle raccroche et dépose le téléphone lentement sur la table.

Yannik ne peut se retenir.

— Qu'est-ce qu'il t'a dit, Christine?

La jeune femme dévisage ses deux invités mais semble à peine les voir. Elle se lève comme si elle flottait sur un nuage.

— Il a juste dit qu'il m'aime...

Puis elle ajoute avec empressement:

— Excusez-moi. Il faut que j'aille le voir. Je crois que nous avons beaucoup de choses à nous dire.

20
UNE SAISON EXTRAORDINAIRE

« J'ai maintenant l'immense plaisir de vous présenter notre invitée spéciale de ce soir. »

La voix d'Aimée Grandbois résonne dans la petite salle où les jeunes joueurs des Lys et leurs parents sont attablés devant leur banquet de fin de saison.

« Vous la connaissez tous, et vous serez d'accord avec moi pour dire que cette athlète exceptionnelle a connu une saison extraordinaire. Je vous demande d'accueillir la gardienne de but, Sylvie Paiement. »

On applaudit à tout rompre tandis que la jeune femme souriante se lève. Elle promène son regard sur l'ensemble de son auditoire et jette un coup d'œil à la feuille de notes qu'elle a préparée pour l'occasion.

« Que de choses se sont passées depuis deux semaines », se dit-t-elle avant de commencer.

« Vous allez devoir m'excuser, car je ne suis pas une bonne oratrice. Je préfère garder le but devant une foule de vingt mille personnes plutôt que de parler devant un petit groupe de vingt. »

Des éclats de rire font écho à ce commentaire.

« Il y a deux semaines, je vous aurais probablement dit à quel point jouer dans une finale de la coupe Stanley représentait pour moi la réalisation d'un grand rêve. »

Le visage de la jeune femme s'assombrit. Les événements des derniers jours lui traversent l'esprit. Dans sa tête, elle revoit les manchettes des journaux qui claironnaient l'arrestation de Charles Tremayne, le montrant sur la photo encadré par deux policiers à son arrivée à l'aéroport.

« Cependant, le drame que j'ai vécu a ébranlé certains de mes idéaux au sujet du hockey professionnel, poursuit Sylvie Paiement. J'aime encore, et je crois que j'aimerai toujours, jouer au hockey. Même si, aujourd'hui, le sport professionnel est devenue une industrie, pour ceux et celles qui y travaillent, le jeu doit demeurer avant tout un plaisir. »

Des applaudissements chaleureux viennent appuyer ses propos. Puis la gardienne parle de son espoir de pouvoir réintégrer l'équipe la saison prochaine.

«... Mais le hockey ce n'est pas tout, conclut l'oratrice. Même si vous aimez ce sport autant que moi, il faut savoir reconnaître que ce n'est qu'un jeu. Jouer au hockey ne fera pas de vous un meilleur être humain. L'argent et la gloire qu'on peut retirer du hockey professionnel ne peuvent en aucun cas remplacer une bonne éducation et une solide culture générale. Une carrière au hockey est forcément courte. La vie, elle, est longue. Pour bien en profiter, il ne faut pas négliger de se développer complètement en tant qu'individu. »

Une nouvelle salve d'applaudissements clôture le discours de Sylvie Paiement. Quelques mains se lèvent pour poser des questions.

— Est-ce que vous regrettez de ne pas avoir joué les dernières parties de la finale? demande Patricia Laurin d'une voix nerveuse.

— Je n'aurai peut-être jamais plus l'occasion de jouer dans une finale de la coupe Stanley, répond Sylvie sans hésiter. J'aurais pu faire en sorte qu'on me laisse réintégrer l'équipe pour terminer la série. Si je me trouvais encore une fois dans cette situation, je ferais le même choix. Il était bien plus important de mettre fin à ce réseau de paris illégaux que de gagner la coupe Stanley.

Jean-Pierre Mongenais intervient.

— Êtes-vous encouragée par la nouvelle que les Rangers de New York vont admettre une ailière à leur camp d'entraînement, la saison prochaine?

La jeune athlète réfléchit un moment avant de répondre :

— Bien sûr que oui. Mais je serai encore plus contente d'apprendre qu'il y a un changement d'attitude chez les hommes qui pratiquent ce sport. J'aimerais aussi qu'il y ait une ligue de calibre professionnel pour les femmes afin qu'elles aient l'occasion de développer tout leur talent et peut-être même d'inventer une nouvelle façon de jouer. J'espère que je verrai ça avant la fin de ma carrière.

○

Une heure plus tard, Yannik, Roxanne et leurs parents se retrouvent dans l'automobile familiale, en route pour la maison.

— Une autre saison terminée, déclare Aimée tout en conduisant. Je dois avouer que ça va me faire du bien d'oublier un peu le hockey pendant quelques mois.

— Pas moi, affirme Roxanne, enthousiaste. Je pourrais jouer à longueur d'année.

Yannik surprend tout le monde quand il déclare :

— Je ne vous l'ai pas encore dit, mais j'ai reçu une autre offre pour jouer dans une équipe spéciale la saison prochaine.

Jean-Pierre échange un regard inquiet avec Aimée et se retourne vers son fils.

— Quelle équipe ?

— Je pourrais être joueur de relève dans une formation de la ligue bantam qui regroupe une trentaine d'équipes de tout le sud-ouest ontarien. L'organisation est même prête à payer une partie des frais d'un camp de hockey cet été.

Jean-Pierre dissimule mal son agacement. Il ouvre la bouche pour parler mais Yannik continue :

— Mais je leur ai dit non tout de suite.

Paralysé par la surprise, Jean-Pierre reste bouche bée.

— Ça, c'est tout un revirement ! constate Aimée. Ton attitude par rapport au hockey aurait-elle changé ?

Yannik regarde dehors par la fenêtre de la voiture. Les bourgeons commencent à paraître sur les arbres. Un soleil rosâtre se couche à l'horizon.

— J'adore encore le hockey. Mais je ne veux pas jouer dans un contexte où ça ne serait plus un plaisir. Quand je vois ce qui est arrivé à Sylvie Paiement, je me dis que je ne voudrais pas subir une épreuve semblable. Je préfère demeurer avec les Lys et continuer à m'amuser. Et puis, si un jour, quand je serai un peu plus vieux, je me rends compte que j'ai encore un certain potentiel, je pourrai envisager de poursuivre une carrière.

— Pour ça, je pense que tu as raison, dit enfin Jean-Pierre, soulagé par la décision de son fils.

— Oui, reprend Yannik, d'autant plus que, quand je joue à côté de joueurs comme Roxanne, je parais encore meilleur que je ne le suis.

Piquée, sa sœur lui décoche une bourrade sur l'épaule.

— C'est ça que tu penses ? Tu vas voir en septembre.

À entendre les rires qui résonnent dans la voiture, on peut parier avec certitude que, la saison prochaine, il y aura plus de plaisir que de rivalité sur la glace.

TABLE DES MATIÈRES

Photo : Micheline Marchand

DANIEL MARCHILDON

Originaire de la région de Penetanguishene, en Ontario, où il habite toujours, Daniel Marchildon œuvre comme rédacteur, traducteur et journaliste à la pige. Son premier roman, *Le secret de l'île Beausoleil*, obtenait le prix de littérature jeunesse Cécile-Rouleau de l'ACELF en 1989. Auteur, entre autres, de textes de fiction pour l'alphabétisation populaire et de nouvelles littéraires, il nous présente ici son troisième roman. Gardien de but au talent limité, il a sagement abandonné le hockey à l'âge de treize ans pour se consacrer à l'écriture.

Collection Conquêtes

1. **Aller retour,** de Yves Beauchesne et David Schinkel, prix Cécile-Rouleau de l'ACELF 1986, prix Alvine-Bélisle 1987
2. **La vie est une bande dessinée,** nouvelles de Denis Côté
3. **La cavernale,** de Marie-Andrée Warnant-Côté
4. **Un été sur le Richelieu,** de Robert Soulières
5. **L'anneau du Guépard,** nouvelles de Yves Beauchesne et David Schinkel
6. **Ciel d'Afrique et pattes de gazelle,** de Robert Soulières
7. **L'affaire Léandre et autres nouvelles policières,** de Denis Côté, Paul de Grosbois, Réjean Plamondon, Daniel Sernine et Robert Soulières
8. **Flash sur un destin,** de Marie-Andrée Clermont en collaboration avec un groupe d'élèves de l'école Antoine-Brossard
9. **Casse-tête chinois,** de Robert Soulières, prix du Conseil des Arts 1985
10. **Châteaux de sable,** de Cécile Gagnon
11. **Jour blanc,** de Marie-Andrée Clermont et Frances Morgan
12. **Le visiteur du soir,** de Robert Soulières, prix Alvine-Bélisle 1981
13. **Des mots pour rêver,** anthologie de poètes des Écrits des Forges présentée par Louise Blouin
14. **Le don,** de Yves Beauchesne et David Schinkel, prix du Gouverneur général 1987, Certificat d'honneur de l'Union international pour les livres pour la jeunesse (IBBY)
15. **Le secret de l'île Beausoleil,** de Daniel Marchildon, prix Cécile-Rouleau de l'ACELF 1989
16. **Laurence,** de Yves E. Arnau
17. **Gudrid, la voyageuse,** de Susanne Julien
18. **Zoé entre deux eaux,** de Claire Daignault
19. **Enfants de la Rébellion,** de Susanne Julien, prix Cécile-Rouleau de l'ACELF 1988
20. **Comme un lièvre pris au piège,** de Donald Alarie
21. **Merveilles au pays d'Alice,** de Clément Fontaine

22. **Les voiles de l'aventure**, de André Vandal
23. **Taxi en cavale,** de Louis Émond
24. **La bouteille vide,** de Daniel Laverdure
25. **La vie en roux de Rémi Rioux,** de Claire Daignault
26. **Ève Dupuis, 16 ans ½,** de Josiane Héroux
27. **Pelouses blues,** de Roger Poupart
28. **En détresse à New York,** de André Lebugle
29. **Drôle d'Halloween,** nouvelles de Clément Fontaine
30. **Du jambon d'hippopotame,** de Jean-François Somain
31. **Drames de cœur pour un 2 de pique,** de Nando Michaud
32. **Meurtre à distance,** de Susanne Julien
33. **Le cadeau,** de Daniel Laverdure
34. **Double vie,** de Claire Daignault
35. **Un si bel enfer,** de Louis Émond
36. **Je viens du futur,** nouvelles de Denis Côté
37. **Le souffle du poème,** une anthologie de poètes du Noroît présentée par Hélène Dorion
38. **Le secret le mieux gardé,** de Jean-François Somain
39. **Le cercle violet,** de Daniel Sernine, prix du Conseil des Arts 1984
40. **Le 2 de pique met le paquet,** de Nando Michaud
41. **Le silence des maux,** de Marie-Andrée Clermont en collaboration avec un groupe d'élèves de 5e secondaire de l'école Antoine-Brossard, mention spéciale de l'Office des communications sociales 1995
42. **Un été western,** de Roger Poupart
43. **De Villon à Vigneault,** anthologie de poésie présentée par Louise Blouin
44. **La Guéguenille,** nouvelles de Louis Émond
45. **L'invité du hasard,** de Claire Daignault
46. **La cavernale, dix ans après,** de Marie-Andrée Warnant-Côté
47. **Le 2 de pique perd la carte,** de Nando Michaud
48. **Arianne, mère porteuse,** de Michel Lavoie
49. **La traversée de la nuit,** de Jean-François Somain
50. **Voyages dans l'ombre,** nouvelles de André Lebugle

51. **Trois séjours en sombres territoires,** nouvelles de Louis Émond
52. **L'Ankou ou l'ouvrier de la mort,** de Daniel Mativat
53. **Mon amie d'en France,** de Nando Michaud
54. **Tout commença par la mort d'un chat,** de Claire Daignault
55. **Les soirs de dérive,** de Michel Lavoie
56. **La Pénombre Jaune,** de Denis Côté
57. **Une voix troublante,** de Susanne Julien
58. **Treize pas vers l'inconnu,** nouvelles fantastiques de Stanley Péan
59. **Enfin libre!** de Éric Gagnon
60. **Le fantôme de ma mère,** de Margaret Buffie, traduit de l'anglais par Martine Gagnon
61. **Clair-de-lune,** de Michael Carroll, traduit de l'anglais par Michelle Tisseyre
62. **C'est promis! Inch'Allah!** de Jacques Plante
63. **Entre voisins,** collectif de nouvelles de l'AEQJ
64. **Les Zéros du Viêt-nan,** de Simon Foster
65. **Couleurs troubles,** de Lesley Choyce, traduit de l'anglais par Brigitte Fréger
66. **Le cri du grand corbeau,** de Louise-Michelle Sauriol
67. **Lettre de Chine,** de Guy Dessureault, finaliste au Prix du Gouverneur général 1998
68. **Terreur sur la Windigo,** de Daniel Mativat, finaliste au Prix du Gouverneur général 1998
69. **Peurs sauvages,** collectif de nouvelles de l'AEQJ
70. **Les citadelles du vertige,** de Jean-Michel Schembré
71. **Wlasta,** de Laurent Chabin
72. **Adieu la ferme, bonjour l'Amazonie,** de Frank O'Keeffe, traduit de l'anglais par Hélène Filion
73. **Le pari des Maple Leafs,** de Daniel Marchildon
74. **La boîte de Pandore,** de Danielle Simd